U0545162

優渥叢書

優渥叢書

優渥叢書

（一眼看穿）
大戶的戰術
Follow them to make money.

笑看股市◎著

圖解

22種騙線、甩轎、吃貨、下車手法！

CONTENTS

前言 解密大戶的買賣邏輯，成功賺飽價差　　　009

CHAPTER 1 戰術一：試盤
（注意別太早入場，以免被套牢！）

1.1　大戶拉升前必先摸底，小步驟但很關鍵　　　012
　　1.1.1　什麼是試盤？
　　1.1.2　大戶先對市場摸底，才能知己知彼

1.2　從強勢到弱勢，不同行情有不同的試盤操作　　　014
　　1.2.1　強勢行情中的試盤，大戶不干預股價
　　1.2.2　震盪行情時，用拉升或打壓試盤
　　1.2.3　弱勢行情時，常出現連續的陰線
　　1.2.4　利用關鍵點位試盤，測試市場反應

1.3　以5種K線型態，看出大戶是否在試盤　　　021
　　1.3.1　出現單針觸底：大戶正測試某價位的支撐度
　　1.3.2　出現雙針觸底：大戶進行第二次試盤
　　1.3.3　多針觸底試盤：大戶確認支撐夠強才會拉升
　　1.3.4　用開低走高測試下跌支撐力
　　1.3.5　用開高走低測試賣盤承接力

1.4　從分時圖中，也能辨別大戶是否試盤　　　031
　　1.4.1　突然拉高或打壓：測試上漲或下跌力度強弱
　　1.4.2　收盤前突然拉升：測試股價上漲的壓力大小

1.4.3 收盤前突然大量賣單：測試股價下跌的接盤能力
  1.4.4 大戶開高開盤，測試上方是否有強大的壓力
  1.4.5 大戶開低開盤，能看清多方的承接能力
  1.4.6 全天保持震盪，股價及成交量忽大忽小

1.5 散戶在試盤階段最聰明的做法是……　　　　　　　　*039*

CHAPTER 2　戰術二：拉升
（注意有快有慢，別誤以為是在出貨）

2.1 大戶會在這5個時機點操作拉升　　　　　　　　　　*042*
  2.1.1 大勢看好時拉升，可節省成本
  2.1.2 有利多消息時，散戶也會跟進買入
  2.1.3 分紅配股後，股價都會調低
  2.1.4 K線出現築底型態時，和其他投資者一起買進
  2.1.5 產業板塊拉升時，利用板塊效應買進

2.2 教你辨別大戶是否正在拉升　　　　　　　　　　　　*053*
  2.2.1 當個股走勢與大盤不同時，大戶可能已介入
  2.2.2 當有利多消息配合時，大戶拉升更容易

2.3 大戶會用不同方式拉升，散戶應對要有策略　　　　　*056*
  2.3.1 快速拉升，散戶短時間就能坐享其成
  2.3.2 漲停板拉升，散戶獲利大，別急著賣出
  2.3.3 台階式拉升，散戶的獲利穩定

2.3.4 波浪式拉升，要在波谷位置時加倉
2.3.5 上揚式拉升，散戶可進場並耐心等待
2.3.6 緩慢拉升，別心急要堅持到頂部
2.3.7 劇烈震盪拉升，整體還是向上不必擔心

CHAPTER 3 | 戰術三：出貨
（大戶怎麼走就怎麼跟，訊號對了就出手）

3.1 抓住大戶常用的8個出貨方式　　　　　　　068
3.1.1 急速拉升後出貨：散戶這時別追漲
3.1.2 拉升的同時出貨：接近高點時有盤整行情
3.1.3 平台出貨：大戶分批次賣出股票
3.1.4 台階出貨：下跌過程中分階段出貨
3.1.5 利多消息出貨：大戶趁此解決一次性出貨難題
3.1.6 下砸出貨：大戶快速打壓股價，散戶措手不及
3.1.7 除權出貨：大戶趁股價大幅下跌時出貨
3.1.8 小幅下跌出貨：散戶別以為只是洗盤

3.2 用6個線索識破大戶正在出貨　　　　　　　080
3.2.1 目標價已經到位，上漲幅度明顯
3.2.2 利多消息配合：可能是大戶的煙霧彈
3.2.3 跌破支撐位後：大戶往往已經開始出貨
3.2.4 與技術分析判斷相反：因為大戶阻止價格上漲
3.2.5 大陰線出現時：大戶已經開始大單拋售
3.2.6 放量下跌時：大戶製造的成交量假象

3.3　從圖表看出大戶出貨的軌跡　　　　　　　　　　　　　　　*091*
　　3.3.1　開高走低，未來會加速下跌
　　3.3.2　打開跌停板：大戶製造上漲的假象
　　3.3.3　收盤前拉升：並非止跌回升的跡象

CHAPTER 4 戰術四：騙線手法
（散戶必知！大戶常用的騙線手段）

4.1　避雷專用 —— 別碰這些假的交易訊號　　　　　　　　　　*096*
　　4.1.1　大戶故意突破壓力位，等散戶追漲後打壓股價
　　4.1.2　製造假的技術型態，誤導技術分析投資人
　　4.1.3　用上吊線騙術，達到洗盤目的
　　4.1.4　用槌子線騙術，使散戶被深深套牢
　　4.1.5　用看漲吞沒騙術，製造假上漲行情
　　4.1.6　用看跌吞沒騙術，使散戶感到恐慌
　　4.1.7　用烏雲蓋頂騙術，利用散戶心理洗盤
　　4.1.8　用看漲刺入騙術，製造股價跌到低點假象
　　4.1.9　用啟明星騙術，測試下方的承接能力
　　4.1.10　用黃昏之星騙術，讓投資人紛紛離場
　　4.1.11　流星線騙術，是大戶最愛用的手段
　　4.1.12　倒槌子線騙術，大戶利用散戶出逃
　　4.1.13　用MACD騙術，發出死亡交叉訊號
　　4.1.14　用KDJ騙術，達到洗盤效果
　　4.1.15　用RSI指標騙術製造假訊號

4.2	大戶常用的行情走勢騙術	*114*
	4.2.1　軋空誘多：誘使投資人進場做多	
	4.2.2　軋空誘空：投資人以為能抄底卻被套牢	
4.3	成交量出現這些訊號時，千萬要小心！	*118*
	4.3.1　無量下跌：大戶趁此吸收更多籌碼	
	4.3.2　無量上漲：大戶小心拉升並建倉	
	4.3.3　量價背離：大戶的震倉方式之一	
	4.3.4　頂部放量大陽線：大戶出貨的最好時機	
	4.3.5　頂部放量小陽線：散戶別貪心，應盡快離場	

CHAPTER 5　解析24種大戶操盤型態，帶你告別韭菜人生！

5.1	跳高一字線後不補缺，可分為兩種情況	*128*
5.2	盤整後大陰破位缺口，是下跌的訊號	*131*
5.3	單日漲停突破後的強勢橫盤：股價即將被拉升	*133*
5.4	高檔窄幅震盪後的放量大陽線，可積極短線追漲	*135*
5.5	高檔兩陽夾一陰多方進攻型態，大戶做多意願強	*137*
5.6	低檔兩陰夾一陽空方進攻型態，應減倉或清倉	*139*

5.7	高檔紅三兵型態，是多方漸強的訊號	*141*
5.8	低檔黑三鴉型態，應盡早賣股離場	*143*
5.9	跳空攀升線，大戶有意強勢拉升	*146*
5.10	跳空下滑線，空方佔據主導地位	*149*
5.11	高檔穿越均線上揚的突破大陽線，是大戶做多訊號	*152*
5.12	低檔穿越均線下降的破位大陰線，應賣股離場	*154*
5.13	下跌中緩跌後的單日破位大陰線，是下跌訊號	*156*
5.14	低檔開低走低的破位大陰線，下跌行情將展開	*158*
5.15	高檔的上升Ｎ字形：大戶強勢拉升的訊號	*160*
5.16	低檔的下降Ｎ字形：大戶打壓出貨的訊號	*162*
5.17	上升途中並陽線：漲勢仍將持續	*165*
5.18	下跌途中並陰線：空方賣壓正在聚集	*168*
5.19	下跌途中三陰夾兩陽：跌勢仍將持續	*170*
5.20	上升途中三陽夾兩陰：不可太早賣股離場	*172*
5.21	上升三步走：應繼續持股或追漲	*174*
5.22	下跌三步走：大戶正打壓出貨	*176*
5.23	上升三法：可積極追漲做多	*179*
5.24	下降三法：應及時賣股離場	*181*

CHAPTER 6 實戰拆解！散戶穩賺不賠的5大技法

- **6.1 技法1：買進T型漲停板，搭上主力順風車** 184
  - 6.1.1 T型漲停板的原理
  - 6.1.2 代表大戶即將拉升，可買進
  - 6.1.3 實戰案例➡在T型漲停中抓住切入點

- **6.2 技法2：長線思維，破解主力騙線術** 191
  - 6.2.1 用長線角度操作，更能安全獲利
  - 6.2.2 實戰案例➡長線佈局的買點判斷
  - 6.2.3 實戰案例➡長線出場的關鍵時機

- **6.3 技法3：用KDJ指標掌握最佳抄底時機** 199
  - 6.3.1 KDJ指標的原理
  - 6.3.2 實戰案例➡運用KDJ精準抄底

- **6.4 技法4：利用MACD底部進場、成功逃頂** 204
  - 6.4.1 MACD指標的運作邏輯
  - 6.4.2 實戰案例➡MACD指標的抄底訊號
  - 6.4.3 實戰案例➡MACD指標的逃頂訊號

- **6.5 技法5：利用均線，找到明確的進出場策略** 214
  - 6.5.1 實戰案例➡均線的抄底大法
  - 6.5.2 實戰案例➡均線的逃頂大法

前言
解密大戶的買賣邏輯，成功賺飽價差

　　無論對於新股民還是老股民，都會在股市中常聽到「大戶」這個詞彙。即使還沒涉足金融領域的人，也一定會對這個詞略有耳聞。

　　那麼到底什麼是大戶？大戶一定是不好的嗎？大戶一定可以進入市場獲利嗎？其實，無論大戶還是散戶，在股市中都可以掙到錢。散戶如果提前識別出大戶動向，跟著大戶的操作買賣股票，就可以輕而易舉獲得巨大的收益。

　　但散戶如果想選擇跟莊來買賣股票，就必須對大戶各方面都十分了解，只有這樣才能做到知己知彼、百戰百勝。

　　第1～3章，逐一介紹大戶坐莊的環節和流程，並揭示大戶在每一環節的常用手段，和盤面上會出現的痕跡，以便投資者及早發現。不僅如此，還在每個環節中提供建議，供跟莊者做選擇。

　　第4章總結大戶在坐莊流程中常用的騙術，使散戶在跟莊前做到心中有數，免於上當受騙。最後兩章（即第5～6章）結合盤面訊息和幾個常見的技術指標，講解如何追蹤大戶動向、掌握最好的買賣時機。最後說明跟莊的具體實例和戰法，並提供多種跟莊的思路，供不同類型的交易者選擇使用。

本書語言通俗易懂，圖文並茂，詳細闡釋每個知識面和環節。不僅原理清晰，且配有多幅示例插圖和解釋，提供不同跟莊者具體的交易策略。不僅適用於新入門的投資者，對於炒股多年的投資者來說，也大有裨益。

第 1 章

戰術一：試盤
（注意別太早入場，以免被套牢！）

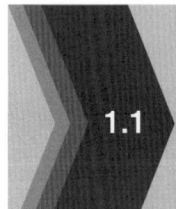

1.1 大戶拉升前必先摸底，小步驟但很關鍵

試盤是大戶在坐莊過程中不可避免的步驟，一般出現在大幅拉升前。所謂試盤，是指大戶在拉升之前，採用小部分資金拉升並打壓股價，使股價出現明顯的波動，以此來觀察市場對此的反應。在此階段，散戶最明智的做法就是靜觀其變，按兵不動。

試盤是整個坐莊環節中的一個小步驟，可被視為拉升的前奏，散戶及跟莊者必須充分了解試盤的特點，才能深入理解大戶的拉升操作。

1.1.1 什麼是試盤？

試盤中的「試」是嘗試之意，也就是說大戶會在拉升前對市場做摸底工作，做一次嘗試性的拉升或打壓股價，看看市場對價格波動的反映。這一環節也是拉升環節的前奏，相當於提前為拉升做一次市場調研工作。

1.1.2 大戶先對市場摸底，才能知己知彼

如同跟莊者在跟莊前必須了解大戶的底細一樣，大戶也會在拉升股價前對市場做一個摸底的前置工作，也就是說大戶也需要做到「知己知彼」。

首先，大戶經由試盤可以看清是否有其他大戶，已經在操作或者控制此類股票。如果已經有其他大戶介入，一般情況下，該大戶會放棄坐莊這檔股票，否則會引起不必要的麻煩，造成大戶與大戶之間的爭鬥，從而造成兩敗俱傷。

其次，經由試盤的方法，大戶可以明確觀察盤中各方持倉的數量，以及市場上對該檔股票價格波動的關注程度。當大戶拉升或打壓股票遇到阻力時，能更全面調整或者掩飾大戶的操作，降低坐莊成本。

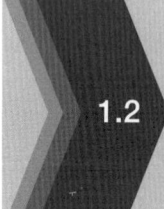

1.2 從強勢到弱勢，不同行情有不同的試盤操作

和建倉類似，大戶在試盤的過程中，也會運用各種手法來達到不同目的。有時大戶試盤不僅一次，而是根據不同目的、採用不同手法多次試盤。以下介紹一些常見的試盤手段。

1.2.1 強勢行情中的試盤，大戶不干預股價

【大戶意圖】

大戶在市場的底部吸籌後，K線圖中會出現陰線和陽線交錯的型態，且整個態勢基本上向上運行。當大戶完成建倉任務後，會將股價小幅提升至較高位置，此時成交量也伴隨著出現一定程度的增加，股價的特徵是脫離底部。

這時大戶不會參與市場交易，既不拉升也不打壓，而是任由股價自由波動。也就是說，股價拉升到一個明顯脫離底部的位置時，散戶交易者會根據自身的情況來選擇買賣股票。這時大戶已經退出股票交易冷眼旁觀，決不干預股價走勢。

大戶經由這種方式，可以觀察中小投資者的交易水準，如果多

第 1 章 戰術一：試盤（注意別太早入場，以免被套牢！）

方大於空方的力量，股價會逐步上升。反之，如果空方力量大於多方力量，股價會下跌。如果多空雙方力量相當，則股價會在一個橫盤的範圍內運行。

【個股分析】

如圖 1.1 所示為西藏礦業週線圖。大戶把股價拉升到一定高度後，所有交易者已經看出股價遠遠脫離底部，這時大戶離場觀望，由散戶們自主交易。如果成交量較小，盤面上沒有大單出現，股價僅會在一個較窄的範圍內自由波動。

當大戶經由試盤看到多空力量的對比後，開始進場拉升股價，成交量也出現放量的特點。

▲ 圖 1.1　西藏礦業週線圖

1.2.2 震盪行情時，用拉升或打壓試盤

【大戶意圖】

當大戶在市場底部完成建倉後，往往選擇在一定幅度內向上拉升，或在一定程度上向下打壓股價。經由這種方式，大戶可以及時了解市場上跟進買入或賣出的情況。

【個股分析】

如圖 1.2 所示為中國銀行日線圖。大戶在拉升前要進行一次試盤，於是在某個交易日大幅打壓並拉升股價，以此來觀察散戶對價格變化的態度。因此當天的 K 線圖，出現一個帶有長長上影線的陽 K 線。試盤後不久，大戶便開始快速拉升。

如圖 1.3 所示為中色股份日線圖。大戶初次小幅拉升後，又操作一次向下打壓，此後大戶為了大幅拉升，在拉升前進行一次試盤。在 K 線圖中出現類似於十字線的 K 線，說明當天股價波動十分劇烈。

▲ 圖1.2 中國銀行日線圖

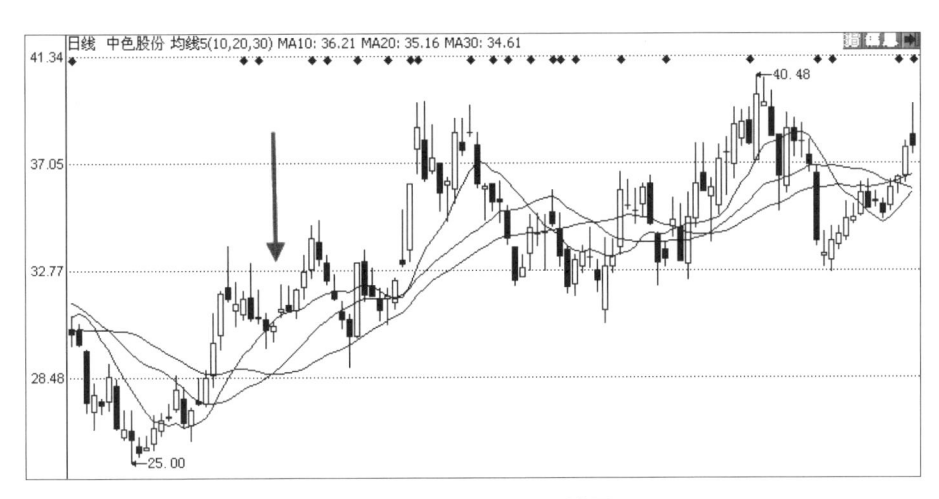

▲ 圖 1.3　中色股份日線圖

經過試盤，大戶摸清盤中散戶的情況，於是不久後又出現一次小幅拉升。

1.2.3　弱勢行情時，常出現連續的陰線

【大戶意圖】

在弱市中，大戶常會借助大環境的疲弱，故意誇大負面訊息，從而造成股價繼續下跌。這種方法可以迫使散戶獲利了結或停損出場，此時的成交量一般極度萎縮，K線圖中則是常出現連續幾個交易日的陰線。

【個股分析】

如圖1.4所示為中信證券日線圖。股價在震盪下行的過程中，突然出現一個跳空的陰線，這大大挫敗了多頭的信心。

此後不久，大戶拉出一個中等實體的陽K線，市場中沒有給出

▲ 圖 1.4　中信證券日線圖

更多賣盤，於是大戶試盤結束。之後股價大幅拉升，成交量也從之前的極度萎靡，發展到巨大的放量。

如圖 1.5 所示為工商銀行日線圖。圖中反彈後期出現一根大陰線，形成空頭勢力極強的假象。第二天大戶給出一根大陽線，以此來測試盤整的情況，但此次試盤大戶沒有得到滿意的效果。不久，大戶又拉出一根大陽線，進行第二次試盤，因此真正的拉升之路是從第二次試盤後開始的。

1.2.4　利用關鍵點位試盤，測試市場反應

【大戶意圖】

在一些關鍵點位附近，不僅散戶會密切關注，大戶也會密切觀

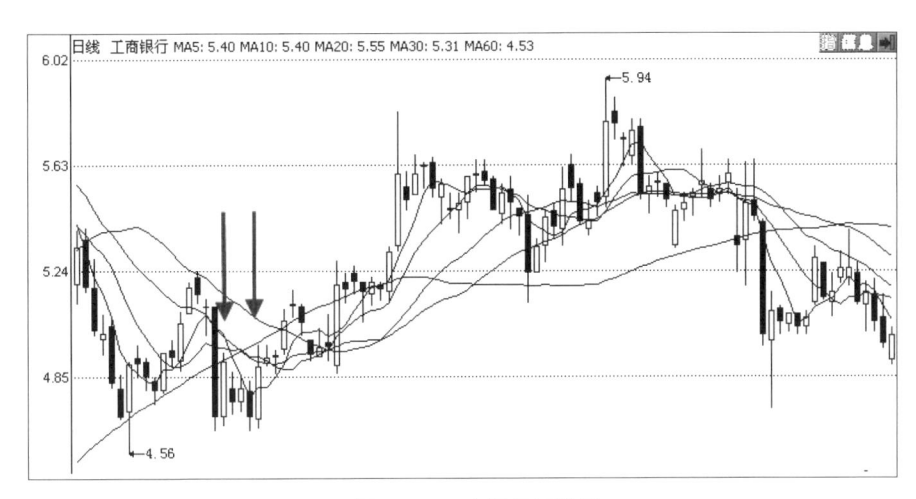

第 1 章 戰術一：試盤（注意別太早入場，以免被套牢！）

▲ 圖 1.5 工商銀行日線圖

注。大戶建倉完成後，常利用關鍵點位來試盤，也就是支撐位或者壓力位。經由向上推升股價或者向下打壓股價，來測試股價運行到支撐位或壓力位時市場的反應。

【個股分析】

如圖 1.6 所示為中色股份日線圖。大戶打壓股價到 25.00 元的整數關口，隨後大戶發現這個點位賣盤幾乎為零，於是在此次試盤後開始拉升。

如圖 1.7 所示為中國銀行日線圖。大戶曾打壓股價到 4.80 元的位置，但是被多頭反擊，形成一根長長的下影線。此後大戶繼續打壓，多個交易日後價位又到 4.80 元的前期低點。

此後大戶以一根大陽線試盤，沒有遭到大規模打壓，因此在前一低點附近，賣盤基本上已經結束，於是大戶開始向上拉升。

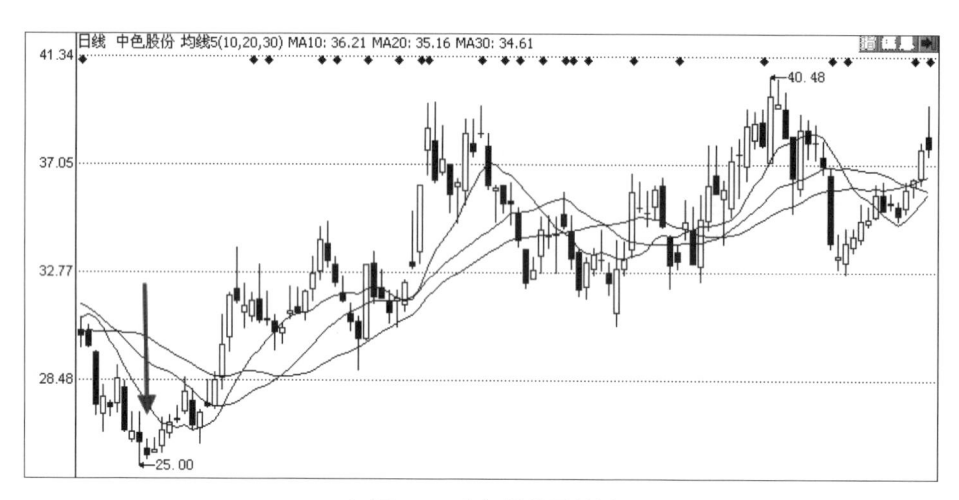

▲ 圖1.6　中色股份日線圖

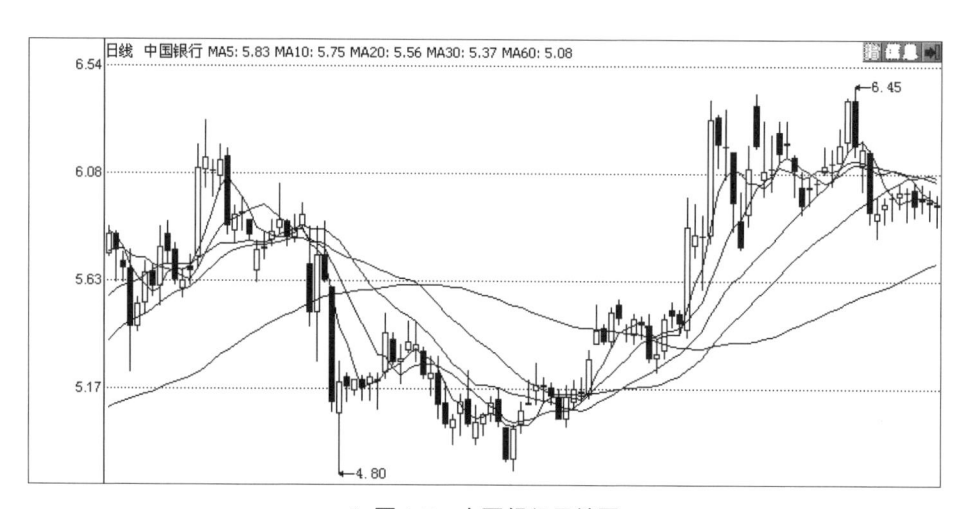

▲ 圖1.7　中國銀行日線圖

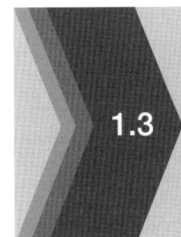

1.3 以5種K線型態，看出大戶是否在試盤

在上一節中提到試盤往往是拉升的前奏，投資者在此時最好靜觀其變。但是散戶的跟莊者如何辨別大戶是在試盤，而不是拉升或者出貨呢？這時利用K線型態，就可以幫助跟莊者正確辨別大戶的試盤環節。

1.3.1 出現單針觸底：大戶正測試某價位的支撐度

【大戶意圖】

單針觸底是大戶試盤後常出現的K線型態，也就是說，在K線圖中常會有單一的下影線觸及市場的底部。大戶刻意打壓股價使股價快速下行，經由此種方式可以測試某一價位的支撐力度。如果支撐力強，則大戶在打壓過程中會遇到一定程度的阻力。

此外，這種方法還可以觀察到外界資金對該股票的關注程度。如果有場外資金關注，在股價快速下跌的過程中，一般會有更多投資者逢低買入，成交量也會有一定程度的增加。

一般情況下，開盤時的股價會與前一日收盤價格相接近，由於

一筆和幾筆大的賣單將股價瞬間大幅打壓，但不久後股價又大幅回升，因此在 K 線圖中形成一根長長的下影線，類似一根針的型態，因此稱之為「單針觸底」。

【個股分析】

如圖 1.8 所示為浙江東方日線圖。大戶在 7.40 元的價位附近，利用單針觸底對價位進行測試，得知此處的股價有一定的支撐作用，於是開始向上拉升。

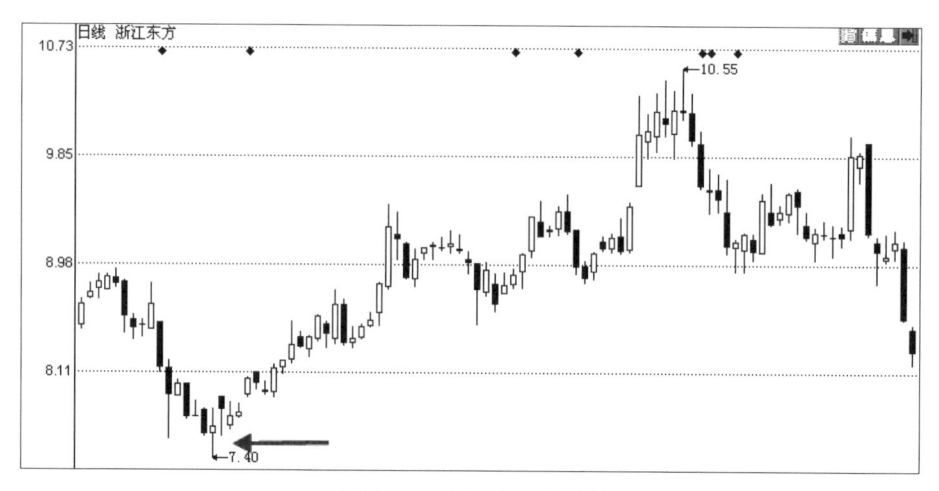

▲圖 1.8　浙江東方日線圖

如圖 1.9 所示為同仁堂日線圖。與圖 1.8 的浙江東方走勢不同，此圖中大戶拉升幾乎是直線上漲的，但如此巨大的漲幅，也是大戶經由單針觸底的試盤結束後才出現的。

此外，有時大戶還會操縱股票，使股票在開盤時就出現大幅跳空開低，這造成了跟莊者的心理壓力。儘管開盤後股票繼續大幅下跌，但收盤時卻收在開盤價之上，形成一根有長長下影線的陽 K

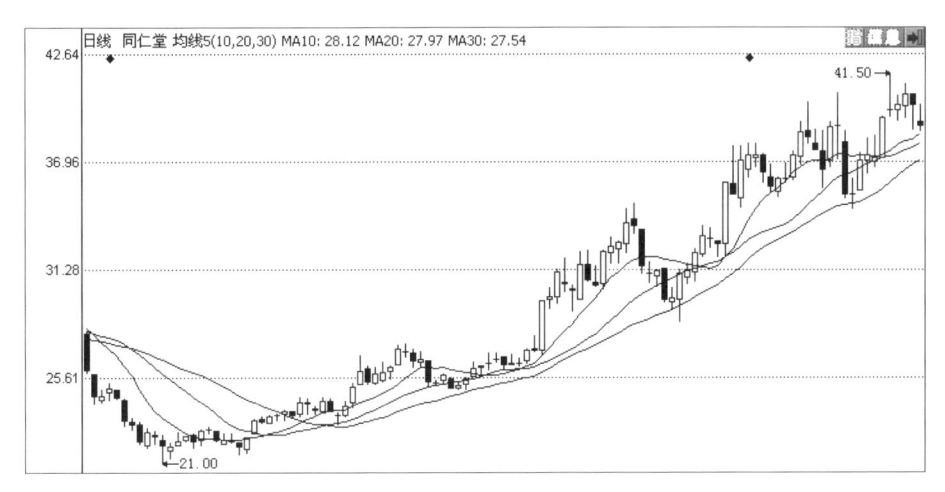

第 1 章　戰術一：試盤（注意別太早入場，以免被套牢！）

▲ 圖 1.9　同仁堂日線圖

線。採用這種方式，大戶可以成功測試出支撐價位的強弱程度，及盤中可以穩定持有股票投資者的數量。

　　如圖 1.10 所示為武鋼股份日線圖。股價在連續兩個交易日的小幅上漲後，出現跳空開低。此後股價一路直下，這無疑迫使之前買入的散戶賣出股票，這是大戶洗盤的方式之一，目的是測試下行的支撐力度。收盤時 K 線收成了陽線，留下長長的下影線，大戶據此來比較場內各方的力量，做出選擇拉升的時機判斷。

　　對於這種方式的試盤，跟莊者一定不要盲目進場，而是靜觀其變。因為大戶也無法完全掌控市場，所以才需要嘗試性的打壓。如果跟莊者盲目進行抄底，一旦大戶發現市場的承接能力不強，有可能繼續向下打壓股價，使股價向下運行，繼續測試其支撐水準，這時跟莊者可能已經處於虧損狀態了。

　　如圖 1.11 所示為青海明膠日線圖。可以看到股價在下跌的途中，大戶多次試盤，圖中也幾次出現單針觸底的型態。但是大戶並不

認為在此點位有較強的支撐作用，於是繼續向下打壓，測試下一個支撐位。如果跟莊者貿然進入之前的測試環節，就會被市場套牢。

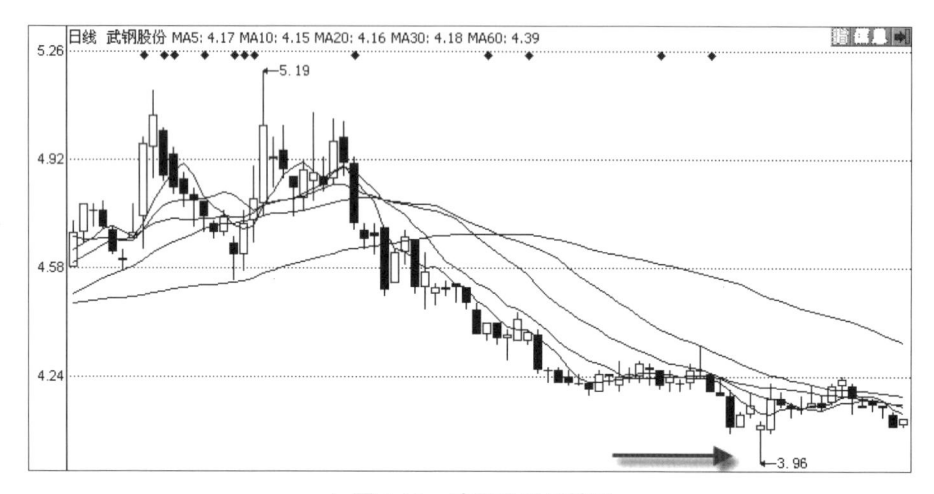

▲ 圖 1.10　武鋼股份日線圖

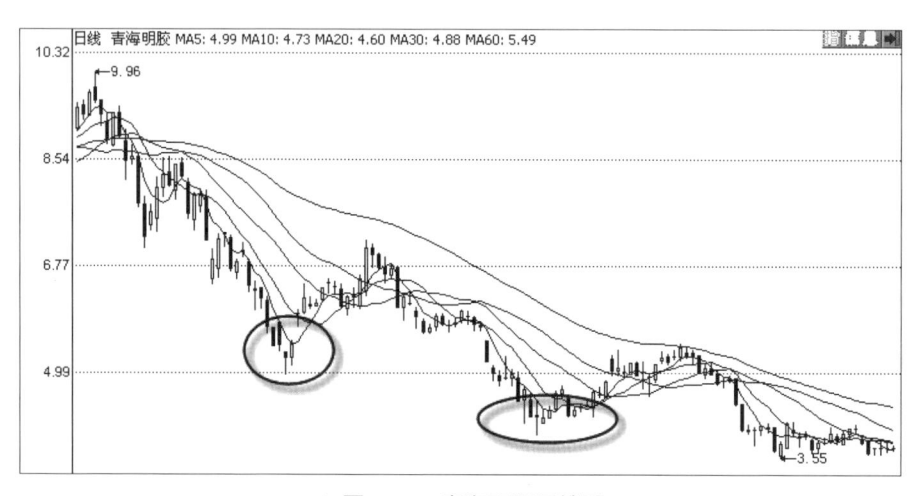

▲ 圖 1.11　青海明膠日線圖

1.3.2 出現雙針觸底：大戶進行第二次試盤

【大戶意圖】

雙針觸底與單針觸底類似，只不過是在K線圖上連續出現兩個單針探底的型態，有時也可以是間隔一兩個交易日出現。伴隨著K線型態的出現，成交量一般會有放大跡象。

大戶經由第二次試盤，可以判斷出前一點位的承接能力是否依然很強。如果股價在前一次測試的點位能夠保持向上運行的態勢，則說明在此點位依然有很好的支撐力。

【個股分析】

如圖1.12所示的為蘭花科創日線圖。股價在34.80元價位見底，但此後大戶又一次測試該點位，目的是查看該點位是否依然有較強的支撐作用。經過兩次試盤後，大戶才大膽拉升。

如圖1.13所示為宏圖高科週線圖，橢圓形區域出現一個雙針觸

▲ 圖1.12　蘭花科創日線圖

底的試盤方式，儘管兩個下影線不在同一水平價位上，但這也說明此位置的承接能力很強，大戶就是據此開始短暫的拉升之路。

▲ 圖 1.13　宏圖高科週線圖

1.3.3　多針觸底試盤：大戶確認支撐夠強才會拉升

【大戶意圖】

　　多針觸底是出現一連串單針探底的 K 線型態。也就是說，大戶曾經多次在此價位試盤，反覆測試此區間的支撐力。大戶十分確信此點位有較強的承接能力後，才會進入拉升階段。

【個股分析】

　　如圖 1.14 所示為大連國際日線圖。股價在 10.49 元附近出現多針探底的試盤，大戶正是經過幾次的反覆測試，才開始向上拉升。

　　如圖 1.15 所示為吉電股份日線圖，股價在市場底部也是經過一個多針觸底的試盤過程。此次測試中間間隔幾個交易日，大戶在測試

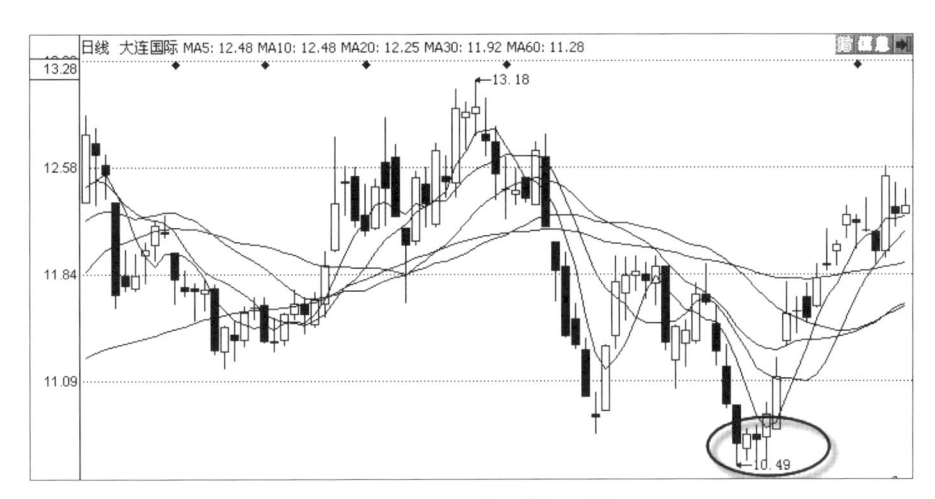

第 1 章　戰術一：試盤（注意別太早入場，以免被套牢！）

▲ 圖 1.14　大連國際日線圖

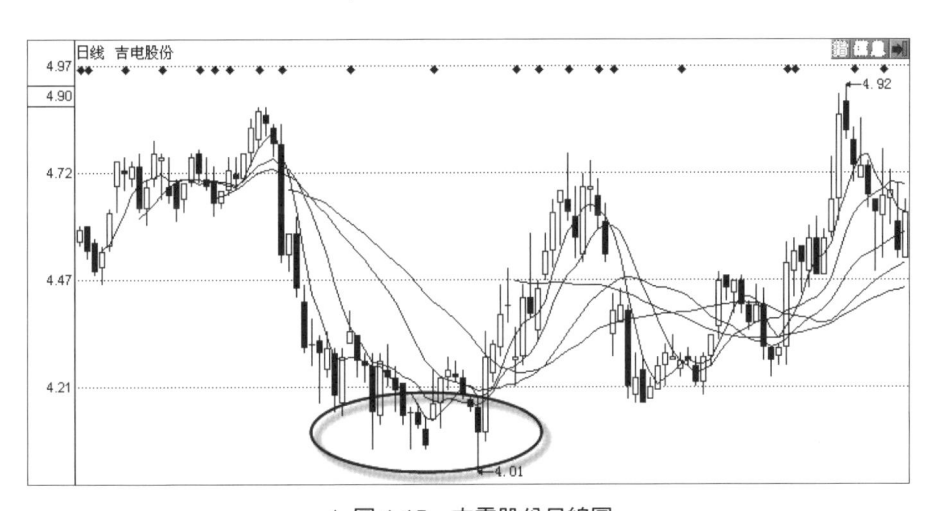

▲ 圖 1.15　吉電股份日線圖

過程中，向上小幅推高了股價。大戶直到測試完畢，並最終確信支撐足夠強勢時，才會拉升股價。

1.3.4 用開低走高測試下跌支撐力

【大戶意圖】

開低走高是在開盤時比起前一日的收盤價，有明顯下挫的跡象，但開盤後股價一路上揚，最終在收盤後形成一根陽線。大戶採用開低的方式試盤，可以測試出股價是否還有強大的下跌動力支援。如果下跌動力依然強大，則大戶很難大幅度提升股價。

【個股分析】

如圖 1.16 所示為開開實業日線圖。股價在市場底部出現開低走高的態勢，如圖中箭頭所指。此交易日的大幅開低延續之前跌勢，但大戶就是要經由開低來測試這一點位的支撐力度。當天開低後並沒有下跌，而是收成一個陽線。經過試盤後，大戶在後續的交易日大幅拉升股價。

如圖 1.17 所示為中色股份日線圖。股價在一波回檔後，出現大

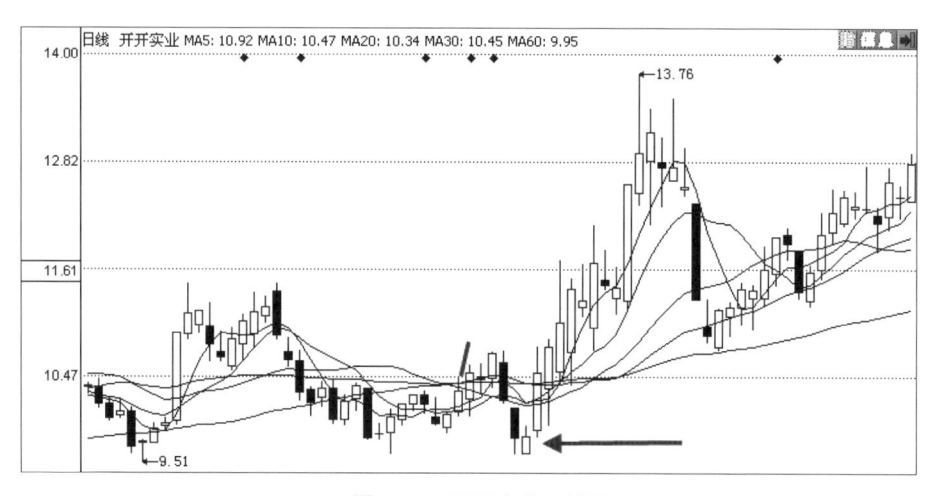

▲ 圖 1.16　開開實業日線圖

幅開低的走勢，但後市卻大幅走高，甚至超過前一個交易日的收盤價。這其實是大戶在試盤，此後才開始真正拉升。因此試盤可以出現在拉升途中，而不僅僅是市場的最底部。

▲ 圖 1.17　中色股份日線圖

1.3.5　用開高走低測試賣盤承接力

【大戶意圖】

　　與開低走高正好相反，開高走低是指股票在開盤時，明顯高於前一日的收盤價，呈現上漲跡象；但開盤後股價一落千丈，最終在收盤後形成一根具有較大實體的陰線。這種試盤，不僅能夠測試賣盤的承接能力，還能把一些不堅定的跟莊者及早清除。

【個股分析】

　　如圖 1.18 所示為蘭花科創日線圖。在市場震盪下行的過程中，大戶在接近市場的底部使股價大幅開高，這會刺激不少散戶買入股

票；但當天卻大幅下跌，收成一根陰線。

　　這不僅挫傷多頭的積極性，還測試了這個區間內的多空力量，此後大戶開始逐步拉升。

▲ 圖 1.18　蘭花科創日線圖

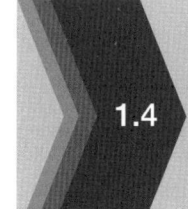

1.4 從分時圖中，也能辨別大戶是否試盤

散戶們不僅在K線圖中可以識別大戶試盤的跡象，在分時圖中也可以發現一些蛛絲馬跡。下面介紹大戶在試盤過程中，常常在分時圖中留下的痕跡。

1.4.1 突然拉高或打壓：測試上漲或下跌力度強弱

【大戶意圖】

股價如果一直處於正常的波動範圍內，但突然大幅拉高或大幅下跌，表明大戶在對這檔股票進行試盤，也就是在測試上漲壓力和下跌阻力的強弱。跟莊者此時應該密切關注走勢，且經由大戶試盤，也能了解未來上漲和下跌阻力的強弱。

【個股分析】

如圖1.19所示為南京醫藥分時圖。股價開盤後始終在一個較小的區間內上下震盪，但中午收盤前開始大幅跳水。這正是大戶在試盤，測試跟莊賣出的情況以及下方價位的承接能力。

如圖1.20所示為北礦磁材分時圖。股價在尾盤突然被大戶拉

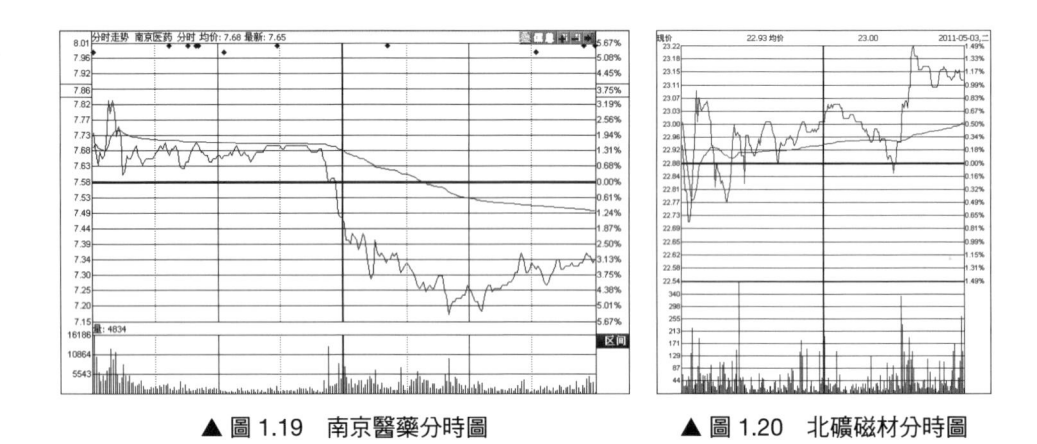

▲ 圖 1.19　南京醫藥分時圖　　　　　▲ 圖 1.20　北礦磁材分時圖

升，是大戶在測試跟莊買入的情況和上漲的壓力，跟莊者不可認為這是真正的上漲。

1.4.2　收盤前突然拉升：測試股價上漲的壓力大小

【大戶意圖】

在收盤前瞬間拉高股價，也是大戶試盤的常用手法之一。因為這種做法可以使大戶節省大量資金，僅僅在收盤前半小時或更短的時間內，經由幾張大買單突然拉高股價，不久後當天的交易即將收盤。經由第二天散戶是否跟莊買入，以及盤中籌碼的數量變化，大戶可以對市場中的散戶情況做出準確判斷。

【個股分析】

如圖1.21所示為中化國際分時圖。股價在收盤前半小時突然上漲，造成股價大幅上行的假象。大戶據此可以判斷第二天有多少跟莊者買入，以及股價上行會遇到多大的壓力。

第 1 章　戰術一：試盤（注意別太早入場，以免被套牢！）

　　如圖 1.22 所示為太極集團日分時圖，股價在開盤後震盪下行，但在收盤前快速上行。這是大戶在試盤，以測試上行的壓力大小。

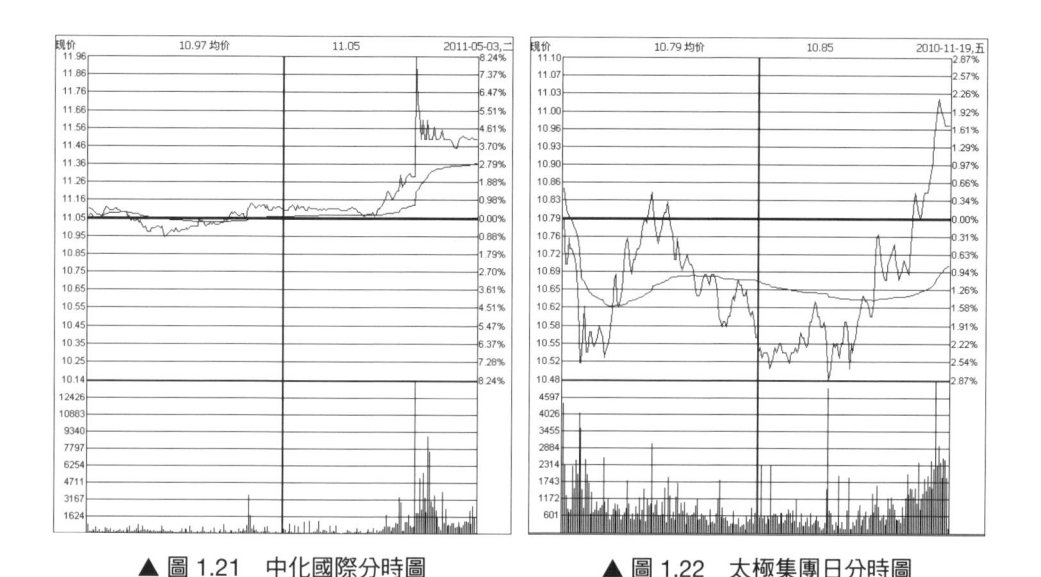

▲ 圖 1.21　中化國際分時圖　　　　▲ 圖 1.22　太極集團日分時圖

1.4.3　收盤前突然大量賣單：測試股價下跌的接盤能力

【大戶意圖】

　　收盤前猛然拉升與收盤前猛然下砸，是一組相反的試盤方式。也就是說，在交易日收盤前半小時或者更短的時間內，大戶會突然拋出大量賣單來下砸股價。經由這一方式，大戶把當天的 K 線型態，製造成大陰線或者其他具有下跌含義的 K 線型態，使投資者心生恐懼。

　　大戶通常會在第二天靜觀其變，查看市場中賣盤的情況。如果第二天賣盤過多，說明投資者信心不足，此時大戶必定不會馬上進入拉升的環節。相反，如果第二天盤中沒有出現大量賣盤，則說明投資

者具有一定的心理承受能力,大戶可能由此做出拉升的決策。

【個股分析】

如圖1.23所示為南方建材分時圖,股價在看盤後圍繞著均線上下波動,但收盤前突然大幅跳水。這其實是大戶試盤下砸股價造成的,目的是觀察後市是否有更多賣盤出現。如圖1.24的該股股價,在開盤後經過一個短暫上升,而後進入盤整階段,在收盤前一小時左右突然大幅下挫,大戶據此來測試下行的接盤能力。

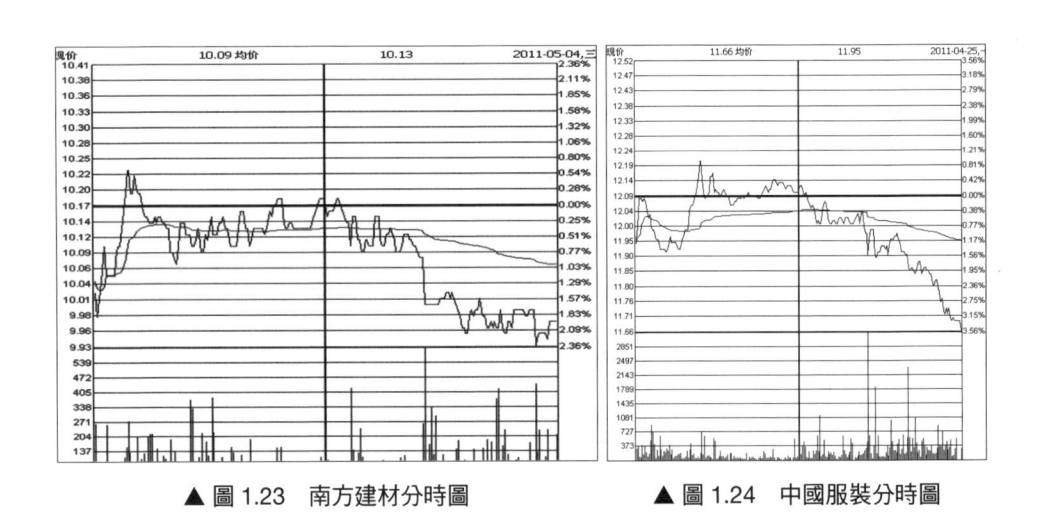

▲ 圖1.23　南方建材分時圖　　▲ 圖1.24　中國服裝分時圖

1.4.4　大戶開高開盤,測試上方是否有強大的壓力

【大戶意圖】

此種試盤方式是大戶經由集合競價以很高的價格開盤,但開盤後不進行任何操作,讓股價在市場中自由波動,目的是測試上方是否有強大的衝擊力。因為如果上方壓力過大,此時大戶過早拉升股價,

勢必會引發較大的阻力。因此大戶在促成股價大幅開高後，如果股價自行回落形成陰K線，不僅可以得出上方有一定壓力的結論，還有一定程度的洗盤效果。

【個股分析】

圖1.25左側為安泰集團走勢圖，箭頭處指向的K線為一根陰K線，右側為當天的分時圖。大戶使股價高於前一日收盤價開盤，隨後不再拉升讓股價自由波動，全天大幅下跌。大戶經由此方式認定下方有一定支撐能力，開始短暫的拉升行為。

如圖1.26所示為中國醫藥分時圖。與上圖不同的是，此次大戶開盤後，將股價推升至漲停板並沒有封死，而是打開漲停板後讓散戶購買，以此來測試場外的跟莊情況和上方的壓力強弱。

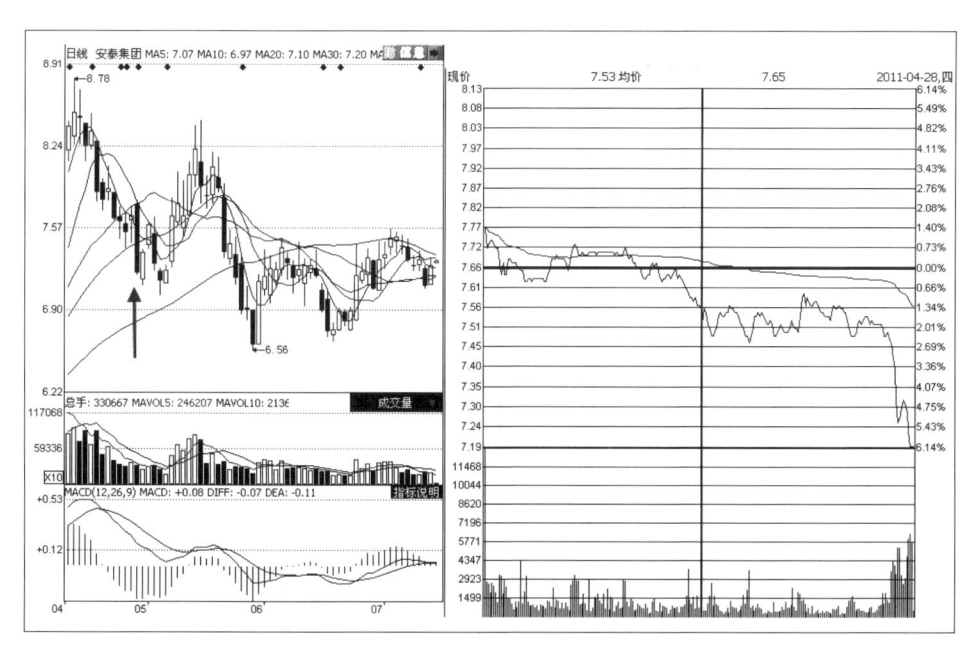

▲ 圖1.25 安泰集團走勢圖及分時圖

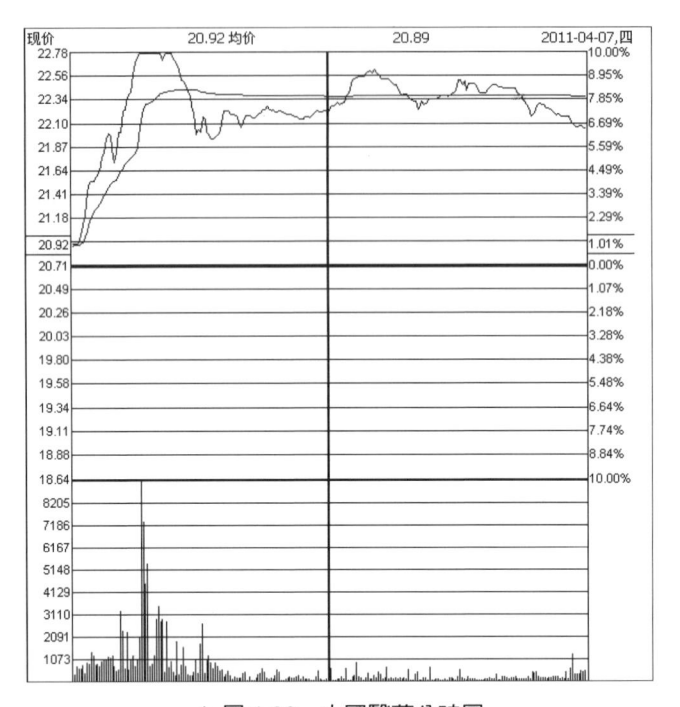

▲ 圖 1.26　中國醫藥分時圖

1.4.5　大戶開低開盤，能看清多方的承接能力

【大戶意圖】

　　開低開盤是與開高開盤相反的試盤方式，它是指大戶經由集合競價以很低的價格，甚至跌停的價格開盤。經由這種方式，大戶可以很清楚看到多方的承接能力。如果散戶信心不足，隨著股價的大幅度開低，盤中會有更多的賣盤出現，成交量也會隨之放大。

　　相反，如果賣盤減少，成交量一般不會明顯增大，大戶就可以確定向下的支撐能力還是比較強的。如果大戶認為下方的支撐能力非常強勁，則有可能再次將價格大幅拉升。

【個股分析】

如圖 1.27 所示為國投電力分時圖。股價在開盤時大幅開低,隨後在午盤前後開始大幅拉升,大戶據此來測試午後盤面跟進的散戶情況。如圖 1.28 所示為四創電子分時圖,該股開盤時大幅開低,但開盤後大戶開始大幅拉升,目的是測試當天跟莊買入的情況。

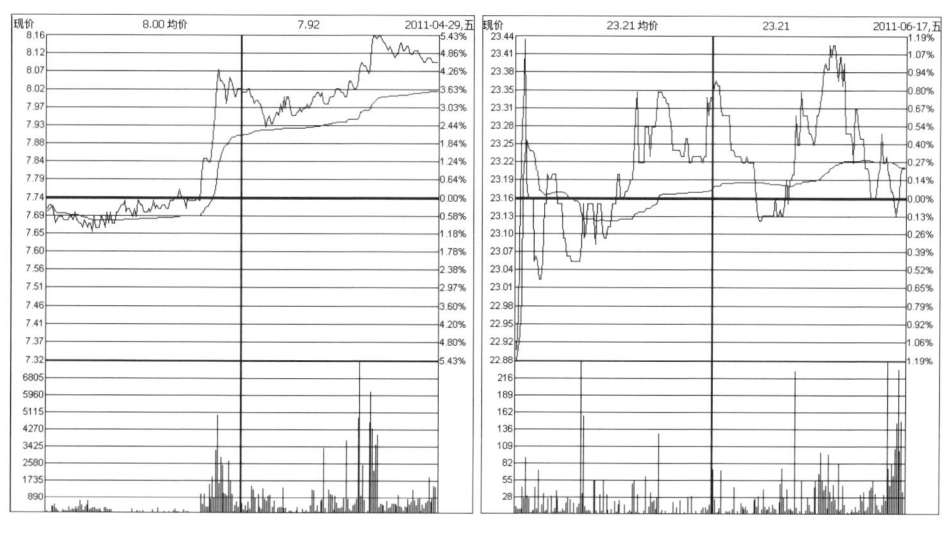

▲ 圖 1.27 國投電力分時圖　　▲ 圖 1.28 四創電子分時圖

1.4.6　全天保持震盪,股價及成交量忽大忽小

【大戶意圖】

全天保持震盪是指,大戶在試盤時股價表現時上時下,始終在一個區間範圍內上下震盪的態勢,且成交量也是忽大忽小。在分時圖中可以看到,股價常呈現直線式的上升狀態,不久後又呈現直線式的下跌狀態,這都是大戶試盤造成的後果。

當大戶快速拉升股價後，突然放出一個大的賣單，目的是阻止股價繼續上漲。同樣，當股價快速下跌到某個想要測試的價位時，大戶也會在買盤上掛一個大單，阻止價格繼續下跌。此種方法使市場出現一個上下均有支撐和壓力的假象。而大戶正是經由這種手法，來測試場內外資金追漲和殺跌的情況。

【個股分析】

如圖1.29所示為貴繩股份分時圖，該股全天都在一個範圍內震盪。如圖1.30所示為太極集團分時圖，整個交易日股價都在一個區間內反覆震盪。大戶正是用這種方式來反覆測試區間的支撐和壓力，成交量也是忽大忽小。

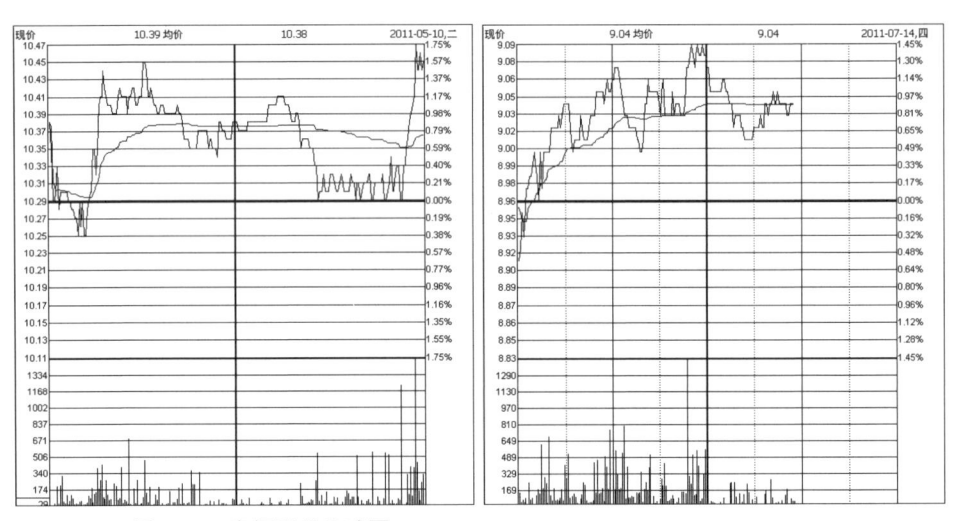

▲ 圖1.29　貴繩股份分時圖　　　　▲ 圖1.30　太極集團分時圖

1.5 散戶在試盤階段最聰明的做法是……

儘管大戶的試盤手法很多，相應地會在K線圖以及分時圖中，甚至其他技術分析圖中留下一些蛛絲馬跡，但散戶或者跟莊者最明智的做法是靜觀其變。因為既然大戶是在試盤，就表示對市場有一點不確定，需要經由前期的偵查工作來測試。

而散戶也可以經由大戶的測試，對某些點位的支撐或者壓力做了解，盡量不要過早進場。因為大戶要經由多次的試盤，才能確定市場中的支撐或壓力等各方面因素，最終才能做出拉升或者其他決定。

散戶如果過早入場，因為大戶試盤沒有結束，很可能就會處於一個深度套牢的狀態。即使未來大戶向上拉升，此時入場的跟莊者也需要等待極漫長的一段時間。

如圖1.31所示為太極集團日線圖。大戶曾經用單針觸底的形式對市場做一次試盤，但沒有達到滿意的結果，於是大戶沒有拉升股價，股價繼續下跌。一直跌至7.96元附近，大戶再次試盤才做出拉升的決定。那麼，如果在拉升之前就進場的跟莊者，恐怕就要被套牢一段時間了。

▲ 圖 1.31　太極集團日線圖

第 2 章

戰術二：拉升
（注意有快有慢，別誤以為是在出貨）

2.1 大戶會在這5個時機點操作拉升

大戶拉升並不是盲目的操作，而是在坐莊前已經制訂好計畫，且對時機的選擇十分嚴格。

因為大戶希望在拉升過程中儘量不遇到阻力，最好還有很多跟莊者幫助推升價格，如此一來拉升就會十分省力，也不會佔用大量資金。下面介紹常見的一些拉升時機。

2.1.1 大勢看好時拉升，可節省成本

【大戶意圖】

大勢是指大盤的走勢，大戶拉升的股價僅僅是一支個股，因此必須考慮到大盤這個大環境。如果大盤走勢低迷，這個時候進入股市的資金本身就不足，每支個股的走勢也不會太好。交易者可能都在觀望，因此大戶拉升股價的成本必定高。

相反地，在大勢看好的情況下，拉升股價就十分容易了。此時大盤走勢高漲，市場人氣旺盛，每一檔股票的走勢都不錯，拉升個股極其容易。此外，市場中交易的散戶也比熊市多，許多跟莊者會幫忙

第 2 章　戰術二：拉升（注意有快有慢，別誤以為是在出貨）

推升股價，大戶無疑又節省了一次成本。因此，許多大戶都願意在大勢看好的情況下拉升股票。

【個股分析】

如圖 2.1 所示為中銀絨業週線圖，可以看到股價在底部連續被大幅拉升，從 2.64 元直至 19.45 元，增長 6 倍多。且股價持續上漲的過程中，成交量也是持續增大，表明跟莊者不在少數，中間還多次出現放量上漲的現象。此時，大盤走勢也在逐步上漲。

▲ 圖 2.1　中銀絨業週線圖

圖 2.2 所示為深證成指週線圖，從兩圖對比可以發現，這兩張走勢圖有驚人的相似性，而大戶正是在這個大勢看好的大環境下，完成拉升環節的。

▲ 圖2.2　深證成指週線圖

2.1.2　有利多消息時，散戶也會跟進買入

【大戶意圖】

　　利多消息也是常見的拉升時機，如果大戶打算做某檔股票，事先一定會深入了解該公司的各方面。這一點我們一般散戶應該向大戶學習，很多散戶買股票都是隨機、盲目的，甚至連買入股票的發行公司、產業都不清楚。而大戶一定會在坐莊前做足功課，甚至在坐莊的過程中，與上市公司保持一定聯繫。

　　當公司有利多消息出現時，大戶就會利用這個時機拉升股票，因為此時也會有許多散戶紛紛買入股票。甚至有些大戶在拉升時，要求上市公司發佈利多消息，可見利多消息在股市中的重要性。

第 2 章　戰術二：拉升（注意有快有慢，別誤以為是在出貨）

【個股分析】

如圖2.3所示為老白乾酒日線圖，可以看到橢圓形區域內，股價出現三個連續的漲停板。什麼原因能夠刺激股價如此瘋狂上漲呢？原因就是一個企業改制的利多消息。在老白乾酒公告中，表明公司計畫將國有股退出一部分，有可能引進投資者或者職工入股。

▲ 圖2.3　老白乾酒日線圖

就是這個消息在股市引發了不小的震動，大戶非常準確地掌握這個時機大幅拉升股價，從12元左右一直拉升至17元左右，漲幅約40%，而且這僅僅是拉升的開始。

如圖2.4所示為古井貢酒日線圖，橢圓形區域同樣也是連續幾個交易日的漲停板，同時也是大戶走出盤整區域開始拉升的時機。

這次拉升同樣也是配合利多消息。古井貢酒發佈公告表示，上

▲ 圖2.4　古井貢酒日線圖

海浦創可能獲得古井貢酒集團公司40%的國有產權,因此可能成為古井貢酒第二大股東。消息一出買入者大增,大戶當然不會白白浪費這個機會。

如圖2.5所示為成飛集成日線圖。大戶在完成建倉的步驟後準備拉升,此時關於新能源的利多消息頻頻傳出,大戶充分利用這個消息快速拉高,中間幾乎不作停頓,成交量也配合了拉升走勢。

2.1.3　分紅配股後,股價都會調低

【大戶意圖】

分紅配股是大戶喜歡採用的拉升時機,這主要是針對一般散戶的心理。散戶普遍十分關注股票的分紅和配股訊息,因此大戶也不能

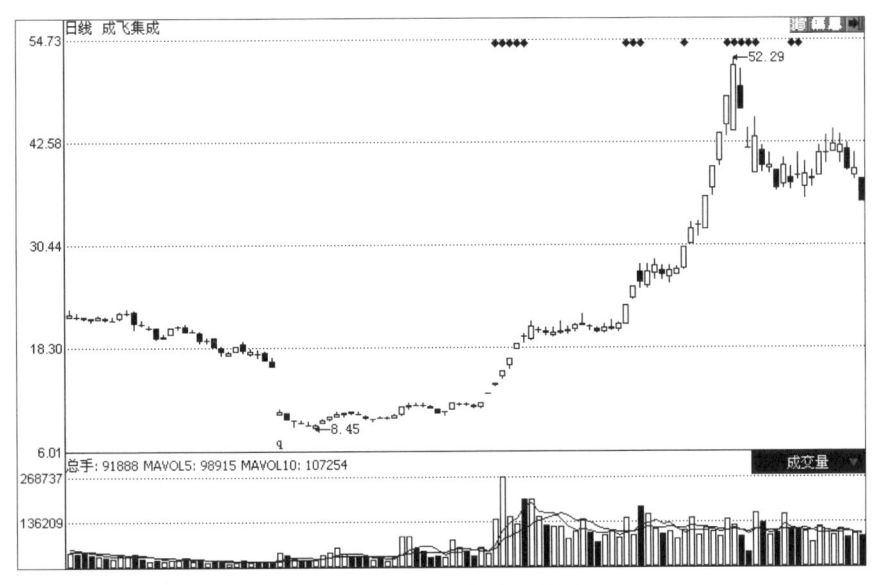

▲ 圖2.5　成飛集成日線圖

錯過這個時機。配股的比例越大，股民獲利也就越大。

一般而言，股票進行分紅和配股後股價都會調低。因此大戶會利用此時的低價進行大幅度拉升，一般會拉升至配股前的股價範圍。如果股票業績不錯，拉升的幅度可能更大。

【個股分析】

如圖2.6所示為國恒鐵路日線圖。圖中股價在配股後出現大幅下跌，跌幅在1.5元左右，這個空間就是大戶做文章的空間。大戶往往利用此時的低位拉升股票，最少拉升到配股前的價位水準附近。本圖中，大戶就在3.60元附近緩慢地拉升，直至4.2元附近。

▲圖 2.6　國恒鐵路日線圖

2.1.4　K線出現築底型態時，和其他投資者一起買進

【大戶意圖】

　　股市分析中的諸多方法中，技術分析的使用頻率最高。也就是說，大多數投資者都是根據K線圖來決定買入和賣出，因此大戶利用K線圖來拉升，是節省成本的常用方式。

　　當K線圖中出現常見的築底型態時，股民就會據此來買入股票。大戶在此時拉升股價，就可以得到相當一部分散戶的幫助，因此無須消耗大量資金。

【個股分析】

　　如圖 2.7 所示為西水股份日線圖，在股價下跌的過程中，明顯出現一個頭肩底型態，這是股民中常用來確定進場的底部型態。當股價

第 2 章　戰術二：拉升（注意有快有慢，別誤以為是在出貨）

突破頸線後，股價開始拉升，且出現跳空開高走高的拉升方式。如圖 2.8 所示為敦煌種業週線圖，在上漲回檔的末期出現 W 底。W 底是築

▲ 圖 2.7　西水股份日線圖

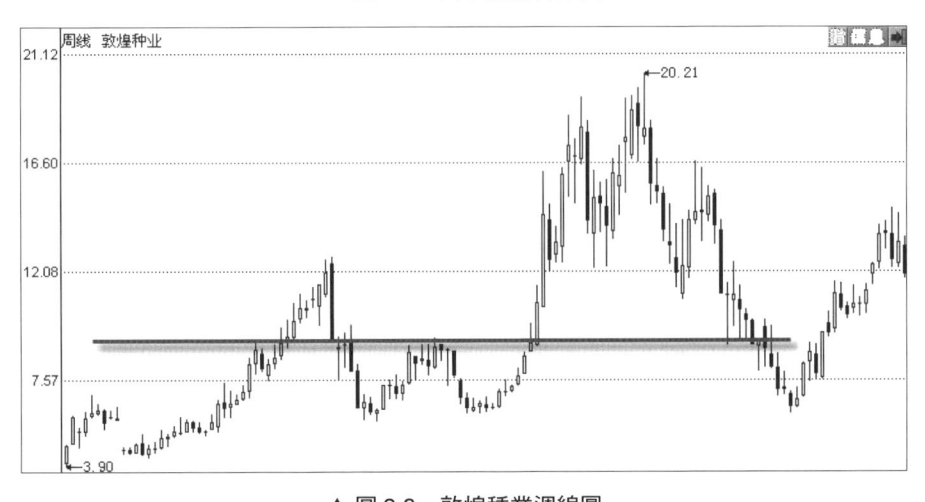

▲ 圖 2.8　敦煌種業週線圖

底型態中常見的型態，當股價突破頸線後股價被大戶大幅拉升，絲毫沒有回檔的跡象，這期間散戶的作用也是不容小覷的。

如圖2.9所示為吉林森工日線圖，在股價下跌的末期出現W底變形型態，儘管兩個底部不是一樣的價位，但不影響股民據此買入股票。大戶將股票拉升至頸線以後，股價可以輕而易舉繼續上漲，散戶的買入就可以推動股價上行。

如圖2.10所示為中國鋁業日線圖，在股價下跌的末期出現一個底部型態 —— 三重底。這個築底型態一出現，會立刻引來無數散戶買入抄底，尤其是當股價突破頸線後。因此，大戶此時的拉升可以說是順勢而為，幾乎不費吹灰之力。

如圖2.11所示為涪陵電力月線圖，在下跌末期走出一個弧形的底部型態，大戶在此築底型態後開始大幅拉升。儘管弧形底的持續時

▲ 圖2.9　吉林森工日線圖

第 2 章 戰術二：拉升（注意有快有慢，別誤以為是在出貨）

▲ 圖 2.10 中國鋁業日線圖

▲ 圖 2.11 涪陵電力月線圖

間很長,但大戶在此後的拉升時間短暫、拉升力度劇烈,絲毫沒有拖泥帶水的跡象。

2.1.5　產業板塊拉升時,利用板塊效應買進

【大戶意圖】

板塊拉升是指某檔股票出現拉升後,其所在的板塊內其他股票,也往往出現拉升現象。此種情況多發生在牛市中,也是基於散戶的心理 ── 散戶買賣股票往往關注板塊。

比如如果看好銀行股,就買入銀行板塊的多檔股票;如果看好建材股,就一連買入多支建材板塊的股票。這一心理當然也會被大戶利用,當某檔股票被拉升後,板塊內的其他股票也會跟風被拉升。

【個股分析】

如圖2.12所示為有色金屬開採板塊中的股票,可以看到板塊中的多檔股票都出現拉升的態勢,僅僅是拉升的幅度有差異而已。

	代碼	名稱	星級	漲幅%	現價	總手	現手	昨收	開盤	最高	最低	換手%	叫買
1	601899	DR紫金礦	☆☆☆☆☆	+10.00	5.28	1069116	203 ↓	4.80	4.90	5.28	4.86	0.68	5.28
2	600497	馳宏鋅鍺	☆☆☆	+10.00	24.53	494906	70 ↑	22.30	22.39	24.53	22.39	3.79	24.52
3	000762	西藏礦業	☆☆	+9.99	38.63	307859	12201 ↑	35.12	35.74	38.63	35.65	11.17	38.62
4	002155	辰州礦業	☆☆☆	+6.51	35.35	258934	6146 ↓	33.19	33.24	35.39	33.15	4.73	35.35
5	002237	恒邦股份	☆☆☆	+4.79	42.40	23910	356 ↓	40.46	40.46	42.58	40.46	3.55	42.40
6	600489	中金黃金	☆☆☆☆☆	+4.07	28.39	335772	57 ↓	27.28	27.15	28.60	27.15	1.81	28.37
7	601168	西部礦業	☆☆☆	+3.95	15.53	390546	15 ↓	14.94	15.03	15.63	14.99	1.64	15.54
8	000758	中色股份	☆☆	+3.15	36.00	202464	4921 ↓	34.90	35.20	36.28	35.02	4.75	36.00
9	600547	山東黃金	☆☆☆☆	+3.08	46.88	195162	19 ↓	45.48	45.40	47.15	45.20	2.56	46.89

▲ 圖2.12　有色金屬開採板塊

2.2 教你辨別大戶是否正在拉升

儘管在坐莊的流程中，散戶最容易識別的就是拉升過程。但大戶會採比較隱蔽的手法，不會直線向上拉升，而是在向上拉升時以震倉、吸籌等手段交替進行。因此在一定程度上，會混淆散戶對於大戶動向的判斷。

2.2.1 當個股走勢與大盤不同時，大戶可能已介入

【大戶意圖】

如果某支個股的走勢與大盤完全不同，有可能是大戶已經處於拉升階段。因為如果大盤走勢低迷、市場十分不景氣，正常情況下多數股票也應該會追隨大盤的走勢，向下跌落。

但如果突然某檔股票不僅沒有向下跌落，甚至出現大幅上漲走勢，便有可能是大戶拉升所造成。如果跟莊者在此之前已經買入股票，此時就可以輕而易舉獲得巨大的利潤。

【個股分析】

如圖 2.13 所示為大元股份日線圖。大戶在拉升股價後，經過一

次短暫整理後大幅拉升，創出28.55元的高價。但如圖2.14所示的上證指數日線圖中，大盤指數當天卻走低。不僅如此，該股的上漲階段，大盤走勢都是處於下跌狀態。

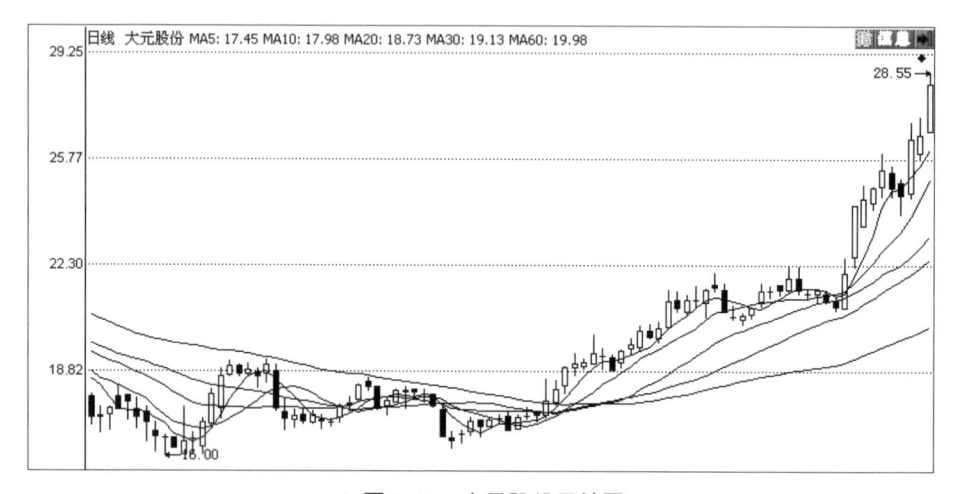

▲ 圖2.13　大元股份日線圖

▲ 圖2.14　上證指數日線圖

2.2.2 當有利多消息配合時，大戶拉升更容易

【大戶意圖】

大戶在拉升過程中，通常需要利多消息配合，這些利多消息有可能是大戶要求股票所屬公司配合發出的。但也有可能是突發的政策消息或者其他因素，這些是大戶所無法掌控的。

因此，大戶在拉升過程中，一般也希望有利多消息的配合，不僅更容易拉升股價，也能使股價上漲過程中遇到的阻力較小。

【個股分析】

如圖2.15所示為包鋼稀土日線圖。股價在拉升過程中遇到國家出台關於稀土的利多消息，於是大戶拉升更容易，價格一路直上。

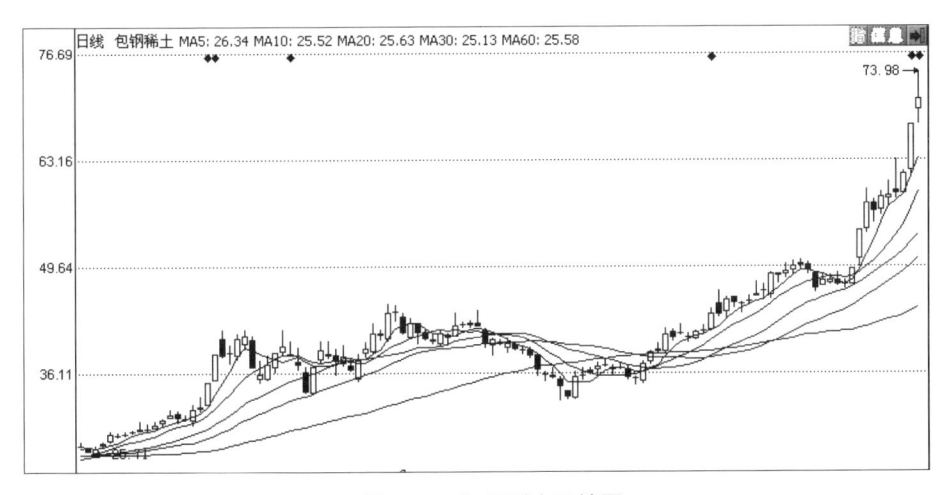

▲圖2.15　包鋼稀土日線圖

2.3 大戶會用不同方式拉升，散戶應對要有策略

儘管大戶拉升股票時，已經跟莊的散戶可以穩操勝券，獲得較大利潤。但因為大戶拉升的手法不同，散戶也應該根據不同情況有所區別。

2.3.1 快速拉升，散戶短時間就能坐享其成

【大戶意圖】

採用這種方式拉升的，一般是資金比較有限的大戶，且坐莊時間非常短，屬於短線大戶。因此在拉升過程中，幾乎不採用向下打壓的洗盤方式，而是在最短的時間內快速拉升，且拉升幅度大，在K線圖中出現連續的大陽線。

【個股分析】

如圖2.16所示為中信證券月線圖。大戶在市場底部吸籌結束後，一鼓作氣將股價大幅推升，已經跟莊的投資者得以坐享其成，獲得豐厚回報。

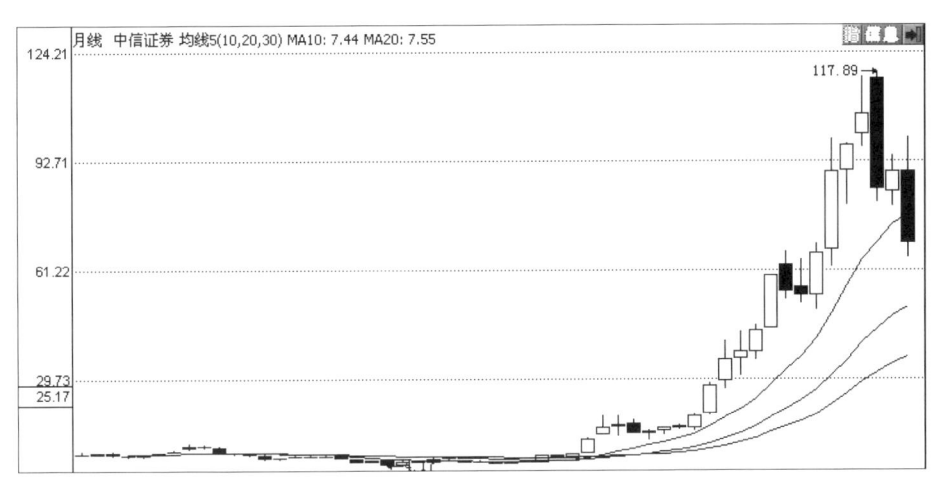

第 2 章　戰術二：拉升（注意有快有慢，別誤以為是在出貨）

▲ 圖 2.16　中信證券月線圖

2.3.2　漲停板拉升，散戶獲利大，別急著賣出

【主力意圖】

　　這種拉升方法多出現在大勢比較好的情況下，大戶的拉升迅猛，一連幾個或者多個交易日都有漲停板出現。此時期散戶利潤可以達到最大化，因此不必急於賣出手中的股票，等大戶有明確的出場訊號，再獲利了結。

【個股分析】

　　如圖 2.17 所示為老白乾酒日線圖。配合該股票的利多消息，大戶連續三個交易日拉出漲停板，跟莊者僅僅在這三個交易日就獲利不少。此後經過短暫的橫盤整理，股價繼續衝高。

　　如圖 2.18 所示為古井貢酒日線圖，圖示位置被大戶大幅拉升，一連出現三個漲停板，漲幅超過 30%，已成功跟莊的投資者此時一定收益不菲。

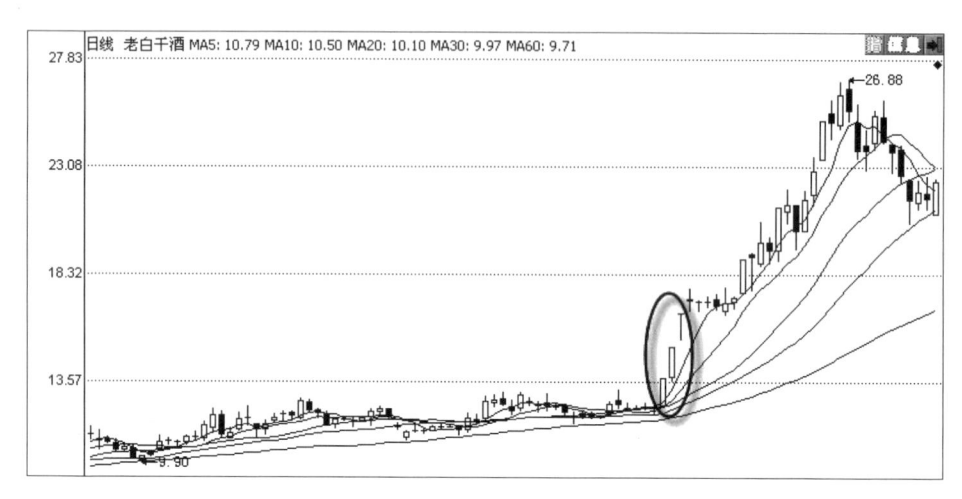

▲ 圖 2.17　老白乾酒日線圖

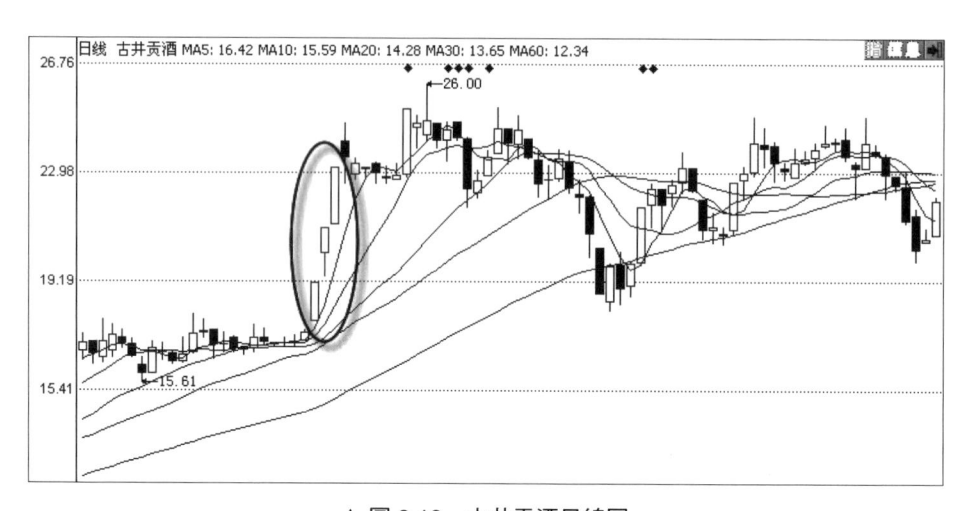

▲ 圖 2.18　古井貢酒日線圖

2.3.3 台階式拉升，散戶的獲利穩定

【大戶意圖】

這種方式是指大戶在向上拉升股價的過程中，不是直線向上，而是循序漸進。在一定價位上由於賣盤出現，股價在推升過程中遇到阻力，而大戶只能維持股價在一個平台上整理，等有所改變後再次向上拉一段距離。

此時跟莊的散戶獲利也比較穩定，不必立即在一個平台賣出手中的股票，因為未來大戶還要往上一個平台推升。

【個股分析】

如圖2.19所示為同仁堂日線圖，大戶在拉升中穩紮穩打，逐步拉升股價。從走勢圖中可以看到有三個平台，大戶都是在站穩某個平台後繼續向上運行。散戶此時不必賣出股票，繼續持有可以獲得更大利潤。

▲ 圖2.19 同仁堂日線圖

如圖2.20所示為西安旅遊週線圖，股價上升中也是以台階式拉升的方式運行的。

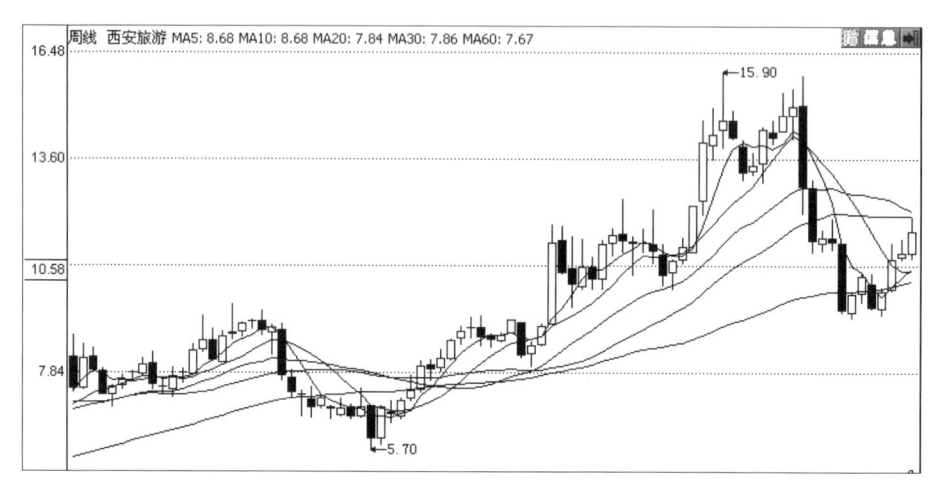

▲圖2.20　西安旅遊週線圖

2.3.4　波浪式拉升，要在波谷位置時加倉

【大戶意圖】

波浪式拉升是大戶在拉升過程中結合洗盤的流程。當股價漲到一定幅度時，勢必也會有更多跟莊者獲利，這時大戶往往向下打壓股價，使一部分意志不堅定的投資者出場。

因此在走勢圖中，股價呈現波浪式向上運行的型態。散戶此時不要被大戶向下打壓動搖信心，而過早賣出股票。相反地，可以在波浪式運行圖的波谷位置買進，以謀求更高利潤。

【個股分析】

如圖2.21所示為西寧特鋼日線圖。股價在上漲中呈波浪式上行，

第 2 章　戰術二：拉升（注意有快有慢，別誤以為是在出貨）

當股價運行到谷底時，便是跟莊者加倉買入的時機。如圖 2.22 所示為中科三環日線圖，股價在大幅拉高的走勢中，始終呈波浪式上行。每次股價運行到谷底時，都為跟莊者提供了一次買入機會。

▲ 圖 2.21　西寧特鋼日線圖

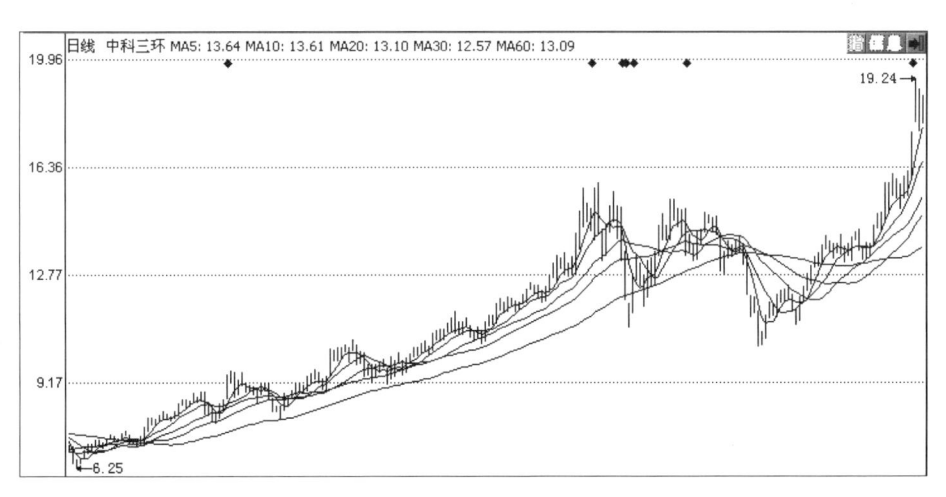

▲ 圖 2.22　中科三環日線圖

61

2.3.5 上揚式拉升，散戶可進場並耐心等待

【大戶意圖】

這種方式是指大戶直線向上拉升股價，在整個上漲過程中，基本上沒有出現大幅的回檔跡象，因此沒有買入股票的投資者，此時可以進場跟莊。而原有已經跟莊持有股票的散戶，若能耐心等待，未來一定有不菲的獲利。

【個股分析】

如圖2.23所示為聯化科技週線圖，可以看到，大戶在拉升股價的過程中幾乎直線上漲，中間基本上沒有大幅回檔，股價始終沿著短期均線直線上行。

如圖2.24所示為通產麗星週線圖，股價從4.16元被拉升至22.00元，幾乎是直線上漲，跟莊者此時可以在短時間內，取得不菲的獲利。

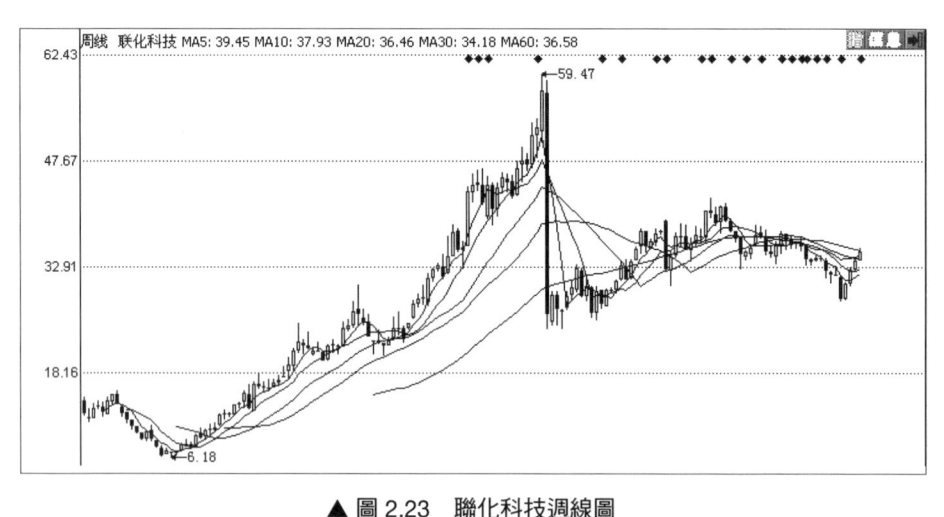

▲ 圖2.23 聯化科技週線圖

第 2 章　戰術二：拉升（注意有快有慢，別誤以為是在出貨）

　　如圖 2.25 所示為大東南日線圖，儘管在拉升過程中，沒有出現太大的開高或大陽線，但也是直線上漲的，整體保持在短期均線上運行。

▲ 圖 2.24　通產麗星週線圖

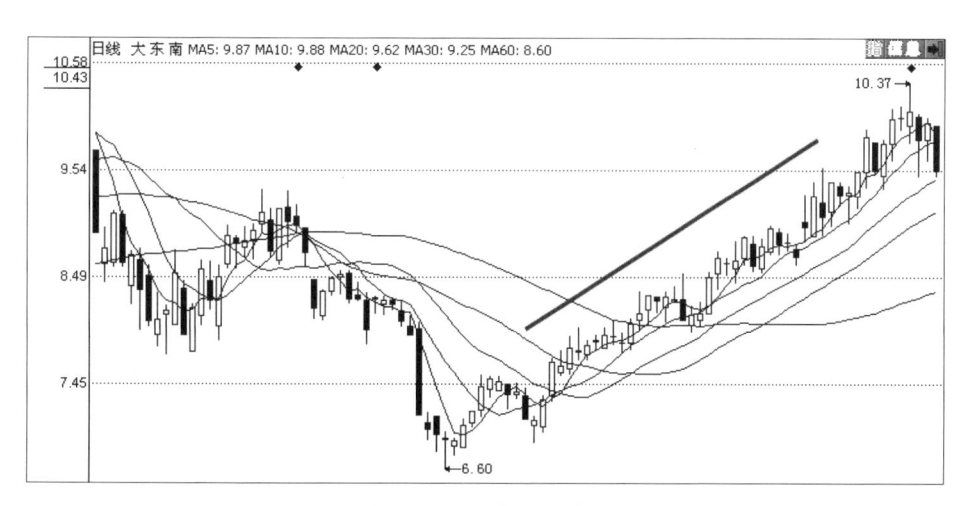

▲ 圖 2.25　大東南日線圖

2.3.6 緩慢拉升，別心急要堅持到頂部

【大戶意圖】

這種方式是指大戶在拉升的過程中持續的時間很長，可能長達數個交易日甚至數月之久，才將股價拉升至目標位。大多交易者往往禁不起煎熬，中途便出場，這正是大戶不必採向下打壓，便可獲得的洗盤效果。而散戶此時正確的做法是不必心急，堅持等待大戶向上緩慢拉升到頂部，再賣出股票。

【個股分析】

如圖2.26所示為青島雙星日線圖。股價從4.54元開始拉升，但整個上漲過程極其緩慢，大戶每日拉升的幅度都不大，給人一種上升乏力的感覺。一些急性子的交易者此時會選擇離場，這正合大戶心意，減少了跟莊者的數量。

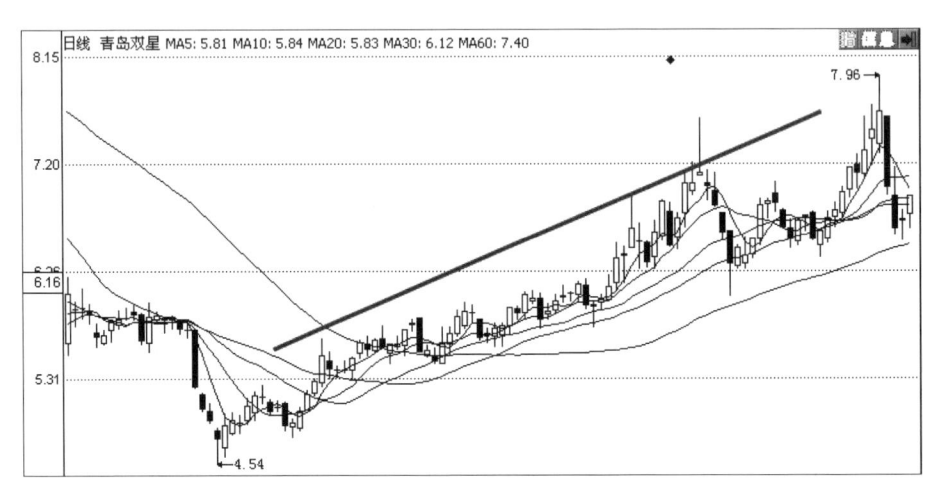

▲ 圖2.26　青島雙星日線圖

第 2 章　戰術二：拉升（注意有快有慢，別誤以為是在出貨）

2.3.7　劇烈震盪拉升，整體還是向上不必擔心

【大戶意圖】

　　這種方式是指大戶在拉升過程中，始終保持股價大起大落劇烈震盪，整體趨勢仍是向上的。但在如此劇烈震盪的過程中，必然會有一些高位入場的投資者停損出場。大戶會及時補充手中的籌碼，逢低吸入更多的賣盤，為未來繼續向上拉升做更大的準備。

　　散戶正確的做法是，不必擔心如此劇烈的震盪。既然股價呈向上運行的態勢，意味著大戶依然在拉升，向下打壓只是洗盤的一種方式而已。

【個股分析】

　　如圖 2.27 所示為浙江東方日線圖。大戶在拉升過程中，股價雖然出現大起大落的劇烈震盪行情，但整體的運行方式向上。

▲ 圖 2.27　浙江東方日線圖

如圖 2.28 所示為飛亞達 A 週線圖。儘管在拉升過程中出現劇烈震盪，但整體股價的運行方向依然向上，散戶大可不必擔心，繼續持有股票必定可以獲利。

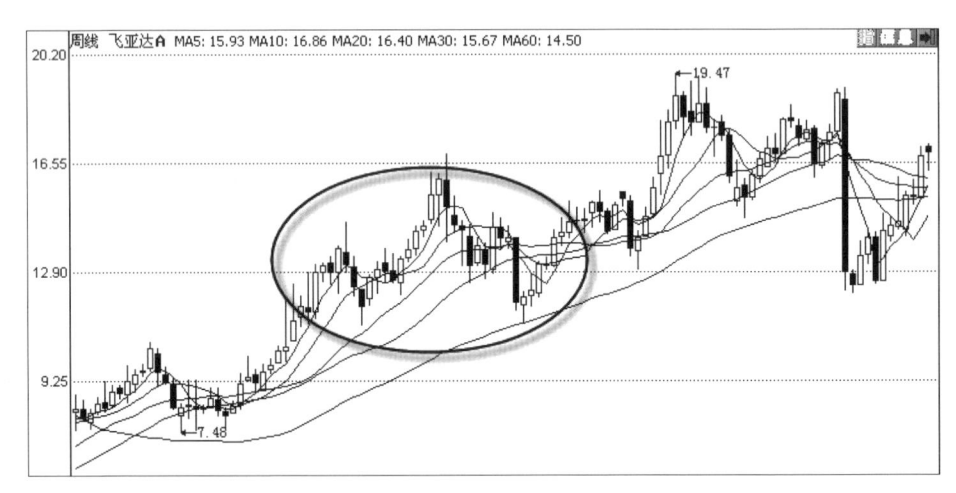

▲ 圖 2.28　飛亞達 A 週線圖

第 3 章

戰術三：出貨
（大戶怎麼走就怎麼跟，訊號對了就出手）

3.1 抓住大戶常用的8個出貨方式

　　大戶在坐莊的最後出貨環節，會採用不同的出貨手段來矇蔽散戶，儘量不讓散戶發現大戶已經出貨。

　　因為出貨關係到大戶坐莊成敗的核心環節，如果散戶意識到大戶已經開始出貨，可能會提早賣出手中的股票，不再吸納大戶的賣盤，這將導致大戶坐莊失敗。下面介紹常見的出貨手段。

3.1.1　急速拉升後出貨：散戶這時別追漲

【大戶意圖】

　　短線大戶因為資金有限，會在急速拉升後出貨。因此他們採用快速拉升方法，等待幾個交易日後有一定的漲幅就開始出貨，賣出手中的股票。

　　儘管對於長線大戶來說，這些利潤是微不足道的。但是對於資金較少的短線大戶來說，短期內坐莊已經獲得非常可觀的利潤。跟莊者如果在此時追高買入股票，等於是接到大戶的籌碼，必然會導致最終的虧損。

第 3 章　戰術三：出貨（大戶怎麼走就怎麼跟，訊號對了就出手）

【個股分析】

圖 3.1 為振華重工日線圖。股價在短暫的拉升後到了出貨環節，儘管此時的拉升空間僅僅 2 元左右，但短時間內獲得這樣的利潤，也是非常可觀了。由於大戶此時迅速出貨，造成股價一瀉千里。圖 3.2 為山東威達日線圖。股價在急速拉升後，大戶出貨完畢，股價隨即以近乎直線的方式下跌，一連幾個交易日都出現跌停板。

▲ 圖 3.1　振華重工日線圖

▲ 圖 3.2　山東威達日線圖

3.1.2　拉升的同時出貨：接近高點時有盤整行情

【大戶意圖】

　　由於大戶控制的籌碼過多，勢必會在出貨環節造成障礙。為了規避最後的風險，在拉升的中途已經開始邊拉邊出貨，價格在此高位便會出現橫盤或震盪整理的形式。

　　有些散戶可能認為在此有一定的阻力，或大戶在進行洗盤，常常在此時逢低買入股票，其實此時買入的恰恰是大戶的出貨。

【個股分析】

　　如圖3.3所示為浙江東方週線圖。股價在接近最高點時，出現密集的盤整行情，這是大戶在出貨。但散戶卻沒有意識到危險，紛紛追高進場。此時已經入場的跟莊者，正確的做法應該是提前賣出股票，不能貪心；沒有入場的交易者，此時也不能再進場。

▲ 圖3.3　浙江東方週線圖

第 3 章　戰術三：出貨（大戶怎麼走就怎麼跟，訊號對了就出手）

如圖 3.4 所示為廣深鐵路日線圖。大戶因為持有的籌碼數量過多，因此在最高點 5.16 元之前開始出貨，走勢圖上出現一段明顯的盤整行情。

▲ 圖 3.4　廣深鐵路日線圖

3.1.3　平台出貨：大戶分批次賣出股票

【大戶意圖】

大戶有時會在特定的橫盤平台賣出一部分籌碼，因為一些在橫盤過程中沒有買入的散戶，此時會逢低買入，等待未來橫盤的突破。而大戶正是利用散戶的這種心理，在多個平台分批次賣出手中的股票。

【個股分析】

如圖 3.5 所示為杭鋼股份分時圖。大戶在兩次橫盤的過程中分批出貨，儘管後一次的價位低於前一次，但是全部出貨後，整體的平均出貨價依然是很高的。

如圖 3.6 所示為深深房 A 日線圖。大戶在三個盤整區域內三次出貨，這就是典型的平台出貨方式。跟莊者在看到橫盤整理後，不能盲目進場做多。

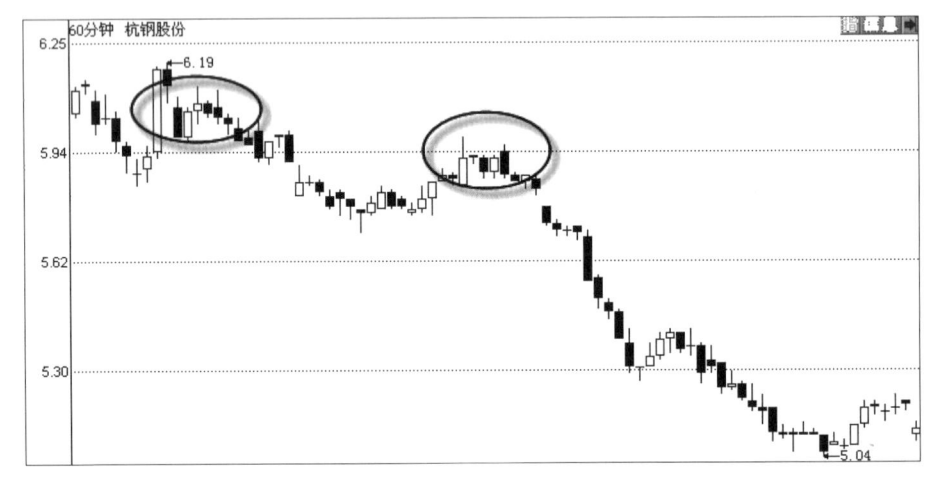

▲ 圖 3.5 杭鋼股份分時圖

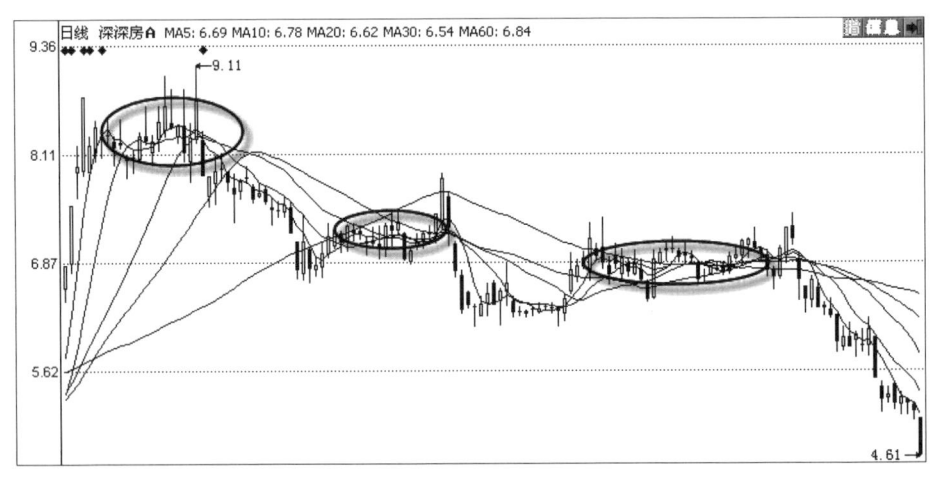

▲ 圖 3.6 深深房 A 日線圖

3.1.4　台階出貨：下跌過程中分階段出貨

【大戶意圖】

　　台階出貨是在股價下跌過程中大戶做出多個平台，在每個平台分階段出貨，與平台出貨相似。散戶往往認為下跌許久之後，出現一個平台是止跌回升的跡象，因此紛紛買入手中的股票。

　　大戶正是利用散戶這種心理，將手中的籌碼分批賣給散戶。儘管價格已經處於下跌趨勢，但當大戶賣出手中的全部籌碼時，已經有大部分獲利。

【個股分析】

　　如圖 3.7 所示為北辰實業日線圖。大戶每次出貨後，都在股價下跌的過程中構建平台，散戶認為價格過低而進場，大戶卻在此出貨，於是股價暴跌，輕而易舉擊穿平台。接著大戶在下方再構建一個平台，如此反覆幾次大戶就出貨完畢，進場的投資者此時負債累累。

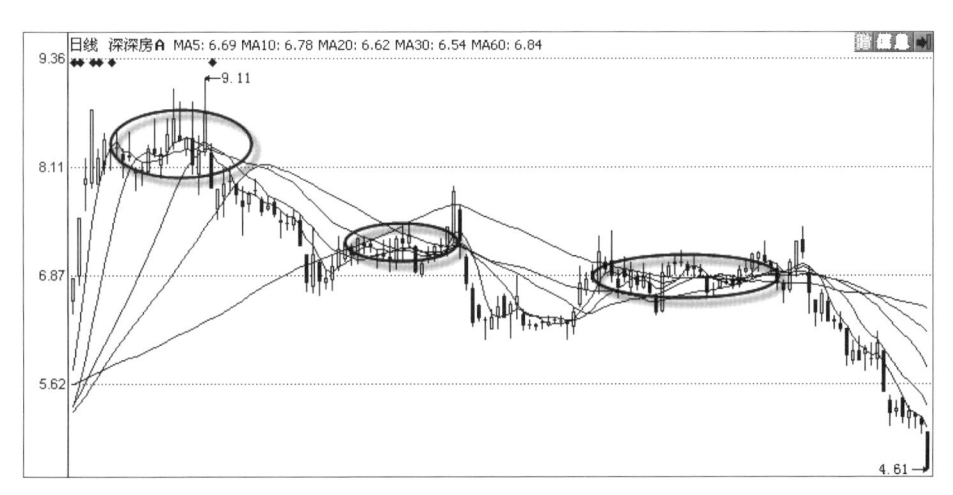

▲ 圖 3.7　北辰實業日線圖

如圖3.8所示為太極集團日線圖。大戶在出貨階段製造兩個平台，每次都是暴跌擊穿平台而完成出貨。

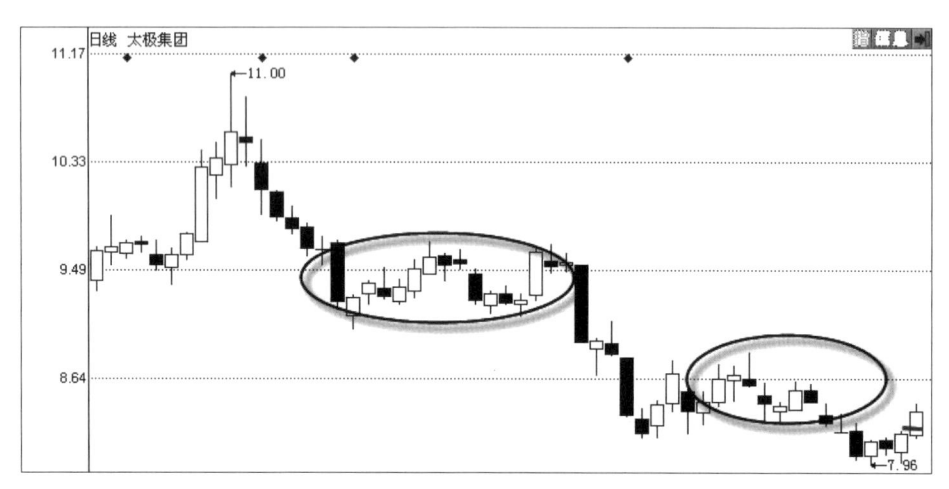

▲ 圖3.8　太極集團日線圖

3.1.5　利多消息出貨：大戶趁此解決一次性出貨難題

【大戶意圖】

利多消息出貨是指，在此之前大戶已經完成坐莊的拉升環節，當利多消息正式出台時，股民會因此而大量買入股票，這正是給大戶製造一個出貨的絕佳時機。由於根據利多消息買入股票的散戶眾多，因此大戶很有可能一次賣掉手中大部分的籌碼，原來的一次性出貨難題，在此也迎刃而解了。

【個股分析】

如圖3.9所示為凱迪電力日線圖。當時該公司出台一些收購的利多消息時，大戶借機加速出貨，當天就出現大幅跳空開低的走勢。

▲ 圖 3.9　凱迪電力日線圖

3.1.6　下砸出貨：大戶快速打壓股價，散戶措手不及

【大戶意圖】

　　一般來說，下砸出貨對散戶的損失非常大，大戶會在拉升到頂部時突然快速下砸打壓股票，並在此時賣出大量籌碼。某檔股票先前上漲過程一直十分搶手，因此股民往往不認為這是出貨跡象，會在股價回檔時買入股票，而這恰恰是大戶的出貨方法之一。大戶完全利用散戶逢低買入追漲的心態，將手中的籌碼全部轉入散戶手中。

【個股分析】

　　如圖 3.10 所示為深高速週線圖。在大戶拉升股價的末期突然出現一根大陰線，此後股價一路暴跌，恐怕許多投資者還沒清醒，就已經處於虧損狀態了。

　　如圖 3.11 所示為沱牌舍得日線圖。股價在被拉升到頂部後，突然出現大陰線來下砸股價，大戶這種出貨方式往往讓跟莊者措手不及。

▲ 圖 3.10　深高速週線圖

▲ 圖 3.11　沱牌舍得日線圖

3.1.7　除權出貨：大戶趁股價大幅下跌時出貨

【大戶意圖】

　　大戶將股票拉升到某一高位時，可能已有一定的利潤。該檔股票的上市公司這時如果配股，因為除權的緣故股價會大幅下滑，於是散戶和一些中小投資者會紛紛買入，抓取價格的底部。但大戶往往利用此時賣出手中的股票，將手中的籌碼全部交給散戶。

【個股分析】

　　如圖3.12所示為長江電力日線圖。除權後股價下跌3元左右，一些散戶往往利用股價的下挫來抄底，但大戶也會利用這個時機出貨。

　　如圖3.13所示為太原重工日線圖。該股除權後股價下挫10元左右，如此大的價差空間，會讓許多投資者進場。但是大戶會利用散戶的心理，將自己的籌碼全部賣出。

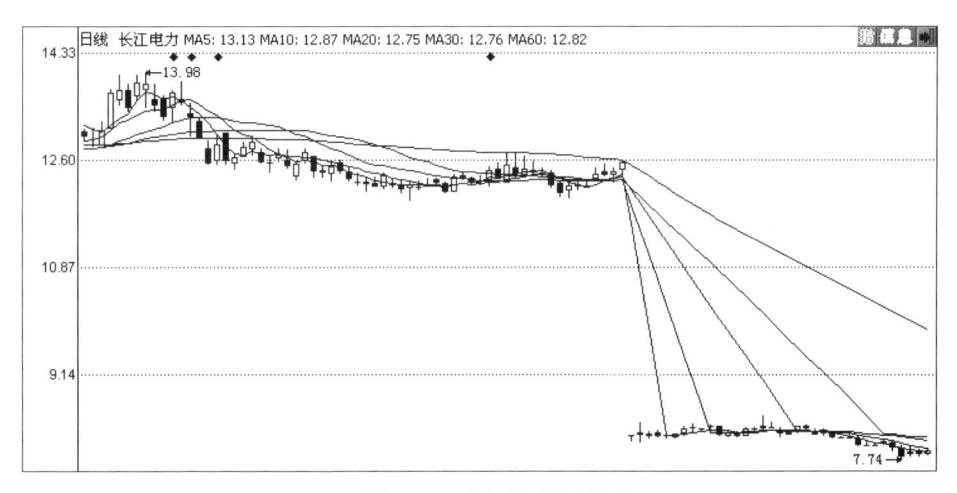

▲圖3.12　長江電力日線圖

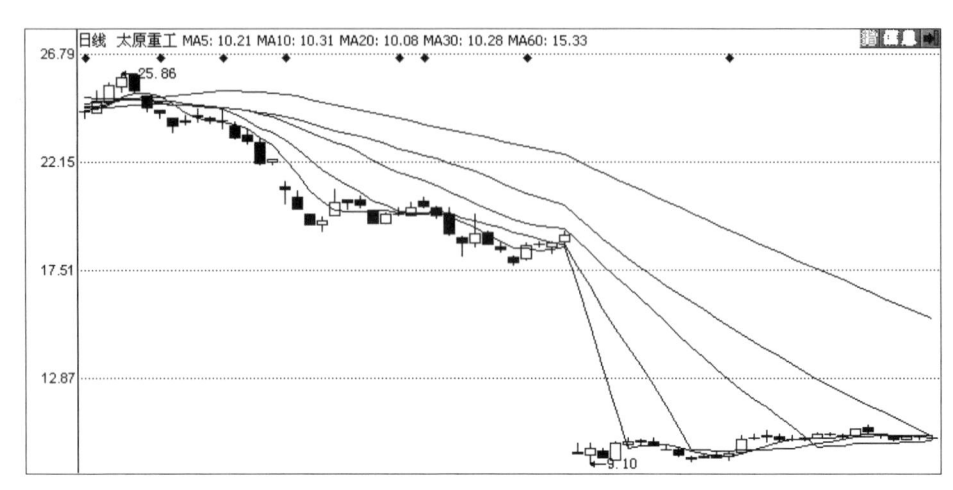

▲ 圖 3.13　太原重工日線圖

3.1.8　小幅下跌出貨：散戶別以為只是洗盤

【大戶意圖】

　　這種方式具有很強的迷惑性，因為大戶在出貨時，會使股價的下跌幅度非常小，而且在每次下跌結束後，都有短暫的拉升。很多交易者往往會認為這是大戶的洗盤行為，並非最終的出貨，從而使得股價繼續小幅度向下運行。

　　如此反覆多次，認為大戶是在洗盤而加倉買入的投資者，或者逢低買入的股民，就完全承接了大戶的賣盤。

【個股分析】

　　如圖 3.14 所示為新都酒店週線圖。大戶每次出貨時都是讓股價小幅下挫，且之後出現小幅拉升，讓散戶都認為這是在洗盤從而逢低買進，但是一次次地買入，卻幫助大戶完成出貨。

　　如圖 3.15 所示為深桑達 A 週線圖。大戶在每次的小幅下挫後，

第 3 章　戰術三：出貨（大戶怎麼走就怎麼跟，訊號對了就出手）

都故意再次小幅拉升，以此來矇蔽小型交易者，使更多散戶承接自己的賣盤，這種方式出貨是最令股民痛恨的。

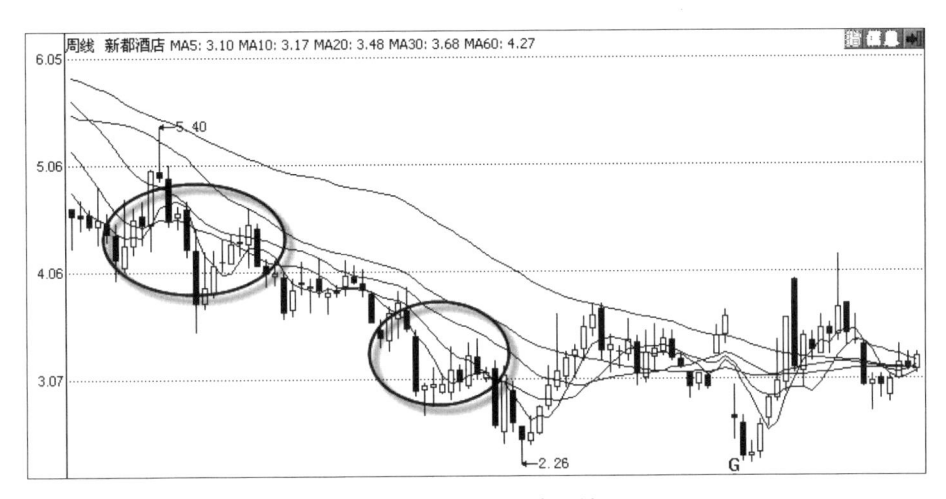

▲ 圖 3.14　新都酒店週線圖

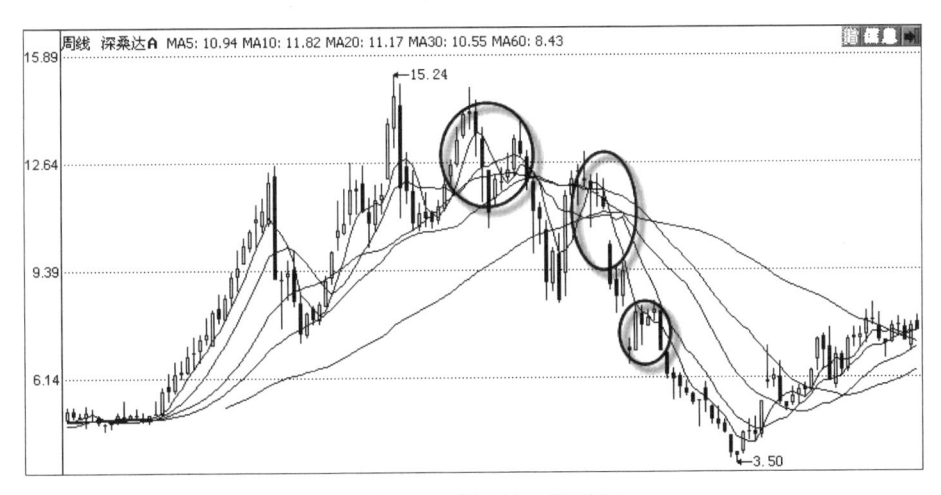

▲ 圖 3.15　深桑達 A 週線圖

3.2 用6個線索識破大戶正在出貨

　　對於大戶來說，出貨是坐莊成敗的關鍵；對於跟莊者來說，能否及時看出大戶已經出貨，關係到跟莊的成敗。在此之前，跟莊的散戶已經搭乘順風車得到更多利潤，也必須在恰當的時間賣出股票，才能轉化為現實利潤。

　　但是如果散戶不能得知大戶是否出貨，等大戶真出貨後散戶才反應過來意識到危機，往往已為晚矣。因此必須經由某些特徵，來判斷大戶是否在出貨。

3.2.1　目標價已經到位，上漲幅度明顯

【大戶意圖】

　　如果大戶的目標價位已到，此時很有可能開始賣出手中的籌碼。因此股民選擇跟莊之前，必須及時了解大戶的成本，等上漲幅度十分明顯時，跟莊者應該心中有數，儘量在大戶出貨之前賣出股票，避免損失。

第 3 章　戰術三：出貨（大戶怎麼走就怎麼跟，訊號對了就出手）

【個股分析】

　　如圖3.16所示為沱牌舍得日線圖。當股價達到27.00元左右時，拉升的幅度已經接近50%，到達中短線大戶的目標價位。跟莊者一般可以在此時提前出場，獲利了結。

　　如圖3.17所示為蘭花科創日線圖。當股價達到44.00元左右時，漲幅已經在20%左右，這是一般短線大戶首選的出場價位。

　　如圖3.18所示為太極集團日線圖。股價達到11.00元的頂峰後，拉升幅度也在30%左右，這是短線和中線大戶出場的常見價位。因此跟莊者此時應該密切注視大戶的動作，儘早出場是最佳的選擇。

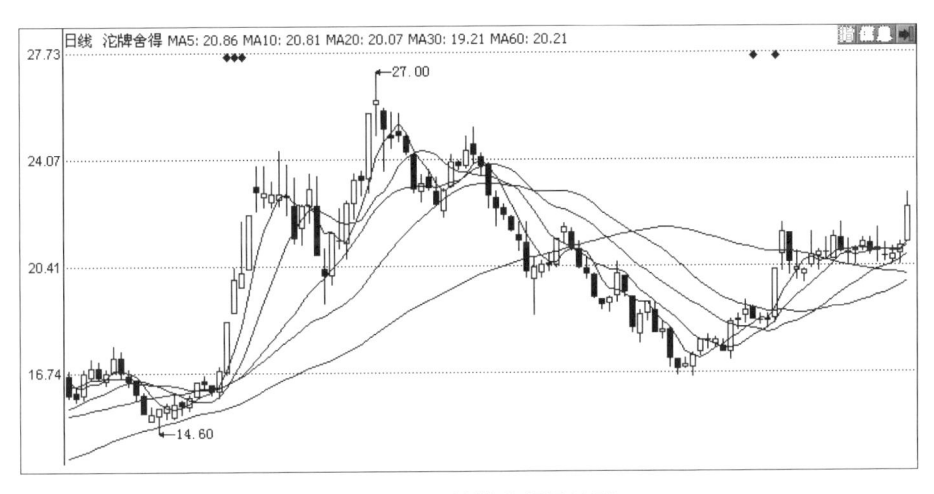

▲ 圖3.16　沱牌舍得日線圖

一眼看穿大戶的戰術

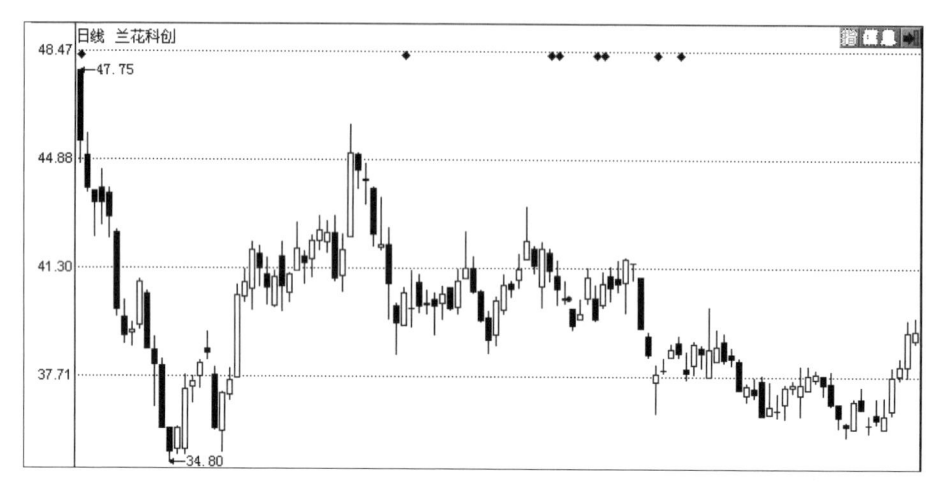

▲ 圖 3.17 蘭花科創日線圖

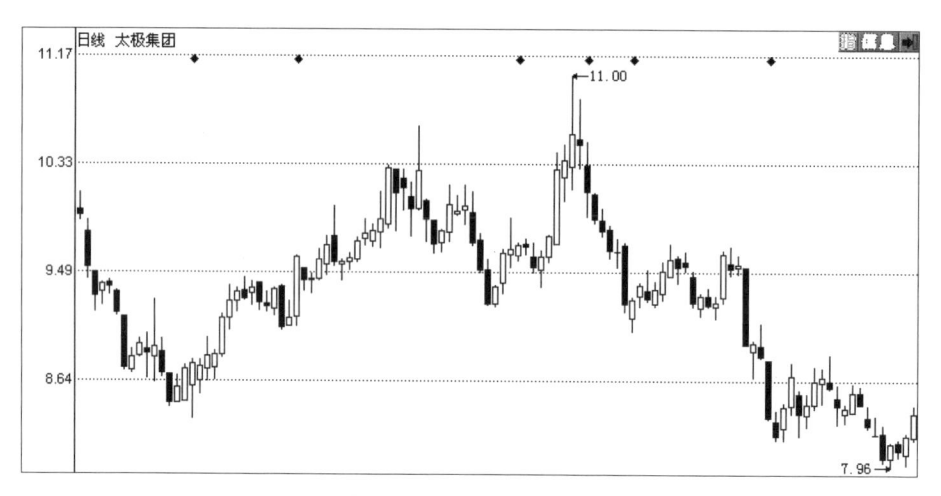

▲ 圖 3.18 太極集團日線圖

第 3 章　戰術三：出貨 （大戶怎麼走就怎麼跟，訊號對了就出手）

3.2.2　利多消息配合：可能是大戶的煙霧彈

【大戶意圖】

　　如果股價已經處於上漲很多的狀態，此時又有利多消息頻傳，那麼散戶一定要注意。

　　因為這些消息往往是大戶故意放出來的煙霧彈，目的是讓散戶繼續購買股票，接住大戶的賣盤。跟莊者此時切莫盲目認為股價仍然會看多，應及時獲利了結。

【個股分析】

　　如圖 3.19 所示為萬方地產週線圖。為了配合大戶出貨，該股業績的炒作盛行一時，但股價卻應聲下跌。

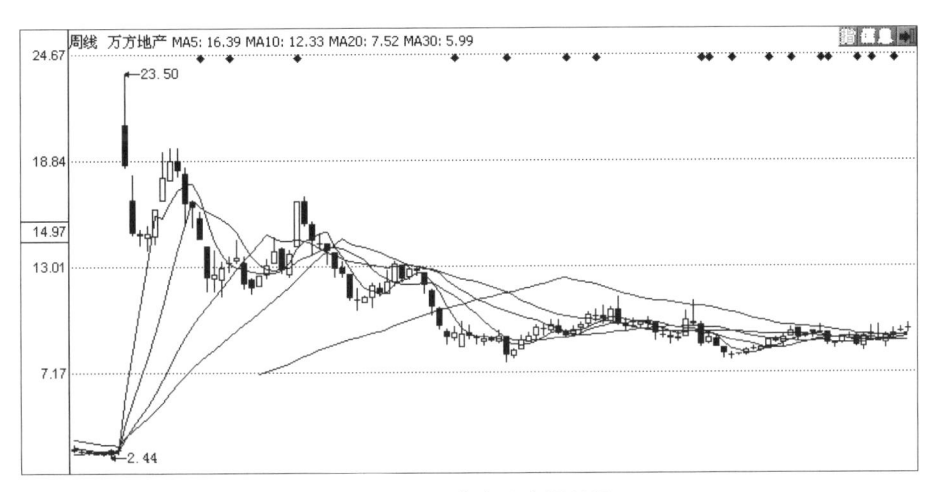

▲圖 3.19　萬方地產週線圖

83

3.2.3 跌破支撐位後：大戶往往已經開始出貨

【大戶意圖】

　　跌破支撐位是大戶出貨的一個明顯標誌，儘管此時價格可能已經不是市場的頂部，卻是大戶出貨的開始。當散戶看到價格已經跌破支撐位時，應該意識到大戶出貨已經開始。

　　如果此時散戶選擇賣出股票，往往能大幅減少後續的損失，且在這個階段賣出相對容易。相較之下，大戶的出貨則需要較長時間逐步完成，因為他們持有的籌碼龐大，無法一口氣全部拋出。

【個股分析】

　　如圖3.20所示為證通電子日線圖。股價在頭肩頂頸線的附近波動許久，這就是大戶在出貨。當大戶出貨接近尾聲，股價會一舉擊穿頸線，散戶在頸線附近可以提前賣出股票，減少損失。

　　如圖3.21所示為天威視訊日線圖。此股票的走勢也出現頭肩頂

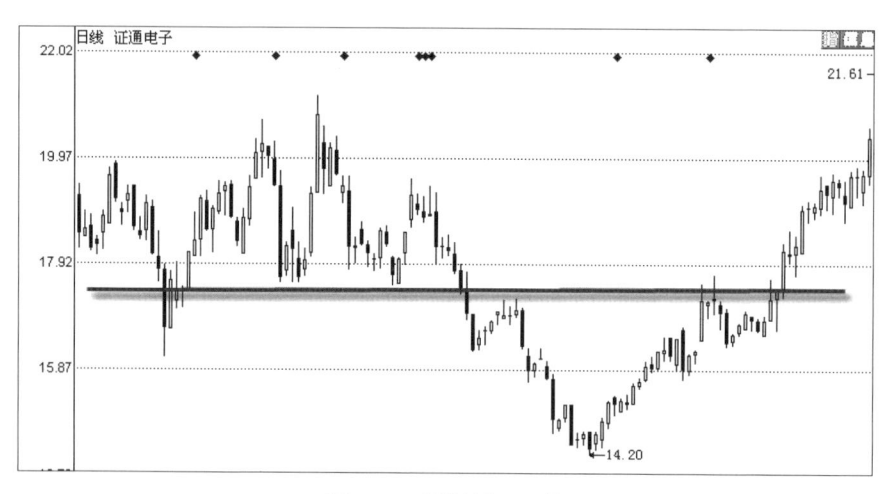

▲ 圖3.20　證通電子日線圖

第 3 章　戰術三：出貨　（大戶怎麼走就怎麼跟，訊號對了就出手）

型態，但該頸線是斜向上的，當股價向下突破頸線後，大戶的出貨也就結束了。這種情況對於散戶來說是有利的，因為頸線斜向上是接近最高價，但不能期望每次頸線都是斜向上的。

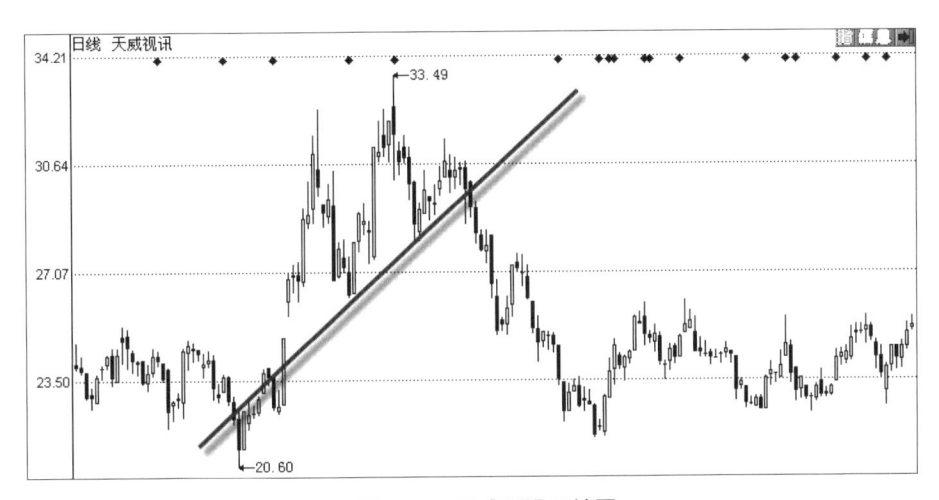

▲ 圖 3.21　天威視訊日線圖

　　如圖3.22所示為桂林三金日線圖。該股的頭肩頂頸線向下傾斜，這使得股價跌破頸線時，更加遠離最高價。但這時如果散戶不及時出場，未來的股價下跌幅度會更大，因為大戶已經出貨完畢，早離場了。

　　如圖3.23所示為*ST大地日線圖。此頭肩底是兩個右肩，但大戶出貨完畢後，股價跌破頸線一路跌停，沒有賣出股票的跟莊者此時跟莊失敗。

　　如圖3.24所示為山西汾酒日線圖。此圖中出現一個雙重頂，當股價最終突破頸線後，大戶出貨完畢，此後股價直線下跌。

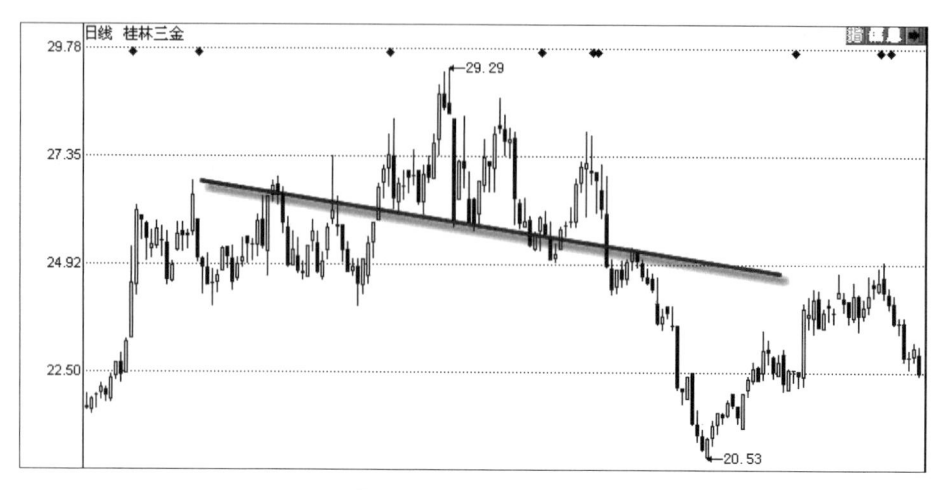

▲ 圖 3.22　桂林三金日線圖

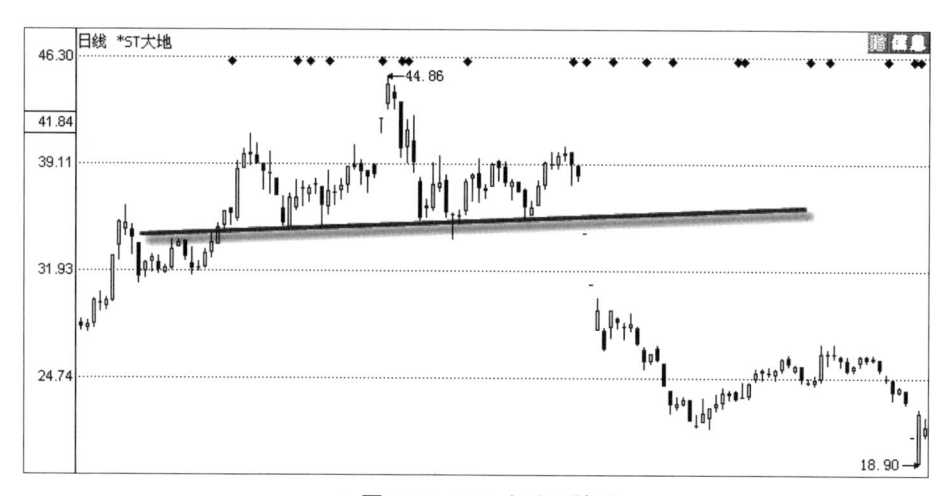

▲ 圖 3.23　*ST 大地日線圖

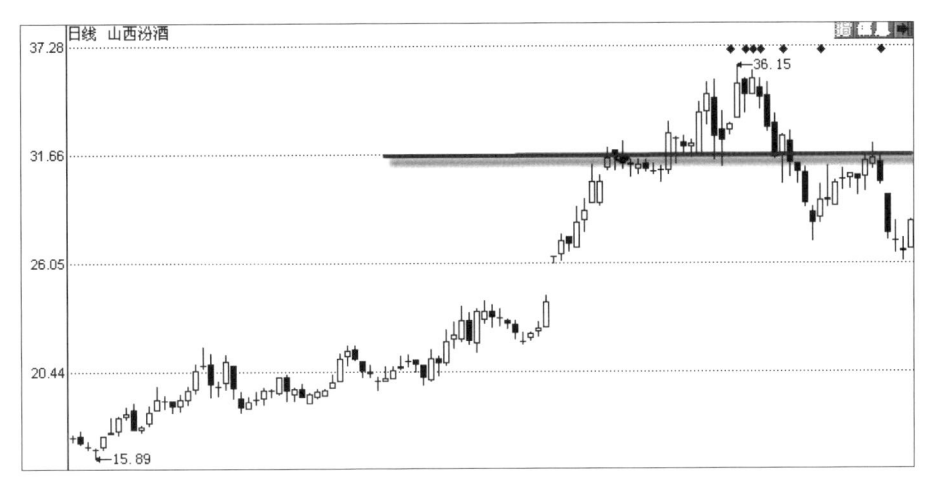

第 3 章　戰術三：出貨（大戶怎麼走就怎麼跟，訊號對了就出手）

▲ 圖 3.24　山西汾酒日線圖

3.2.4　與技術分析判斷相反：因為大戶阻止價格上漲

【大戶意圖】

如果 K 線圖的走勢中，出現技術分析理論中應該上漲的型態或組合，但後市沒有上漲，反而出現相反的下跌走勢，這一定會引起散戶或者跟莊者的注意。這有可能是大戶已經開始出貨，阻止了價格的急劇上漲。

【個股分析】

如圖 3.25 所示為中江地產日線圖。股價出現一根大陽線，並形成看漲吞沒型態，且此陽線回補之前的缺口，這些都是做多的訊號。多數散戶都會考慮進場做多，大戶卻利用這些技術分析得出的結論來出貨。

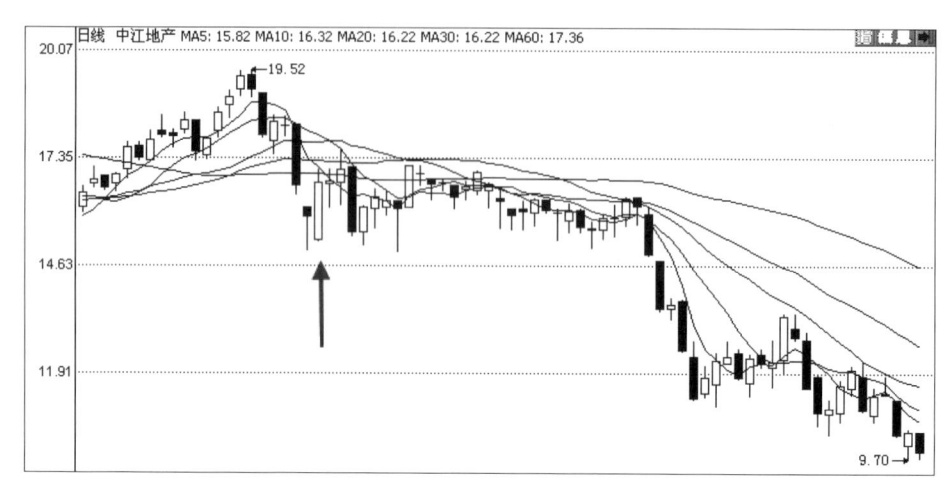

▲ 圖 3.25　中江地產日線圖

3.2.5　大陰線出現時：大戶已經開始大單拋售

【大戶意圖】

　　如果上漲過程中出現較大實體的陰線，一定會引起跟莊者注意。因為大戶出貨初期十分隱蔽，但是在出貨中後期為了賣出手中的股票，可能開始大單拋售，這時常會出現一連串的陰線。跟莊者應該在此時賣出手中的股票，避免大戶繼續拋售引起加速下跌。

【個股分析】

　　如圖3.26所示為深桑達A週線圖。大戶幾次出貨後，手中的籌碼也幾乎出盡，這時大戶大單砸盤，K線圖中出現一連串大根陰線，此時還沒有出場的跟莊者必須出場。

　　如圖3.27所示為中國石化日線圖。大戶在股價達到14.35元的最高價之前，已經開始分批出貨。當股價觸及最高點後，不再顧忌散戶會發現，而是一鼓作氣將籌碼全部賣出，於是大根陰線頻頻出現。

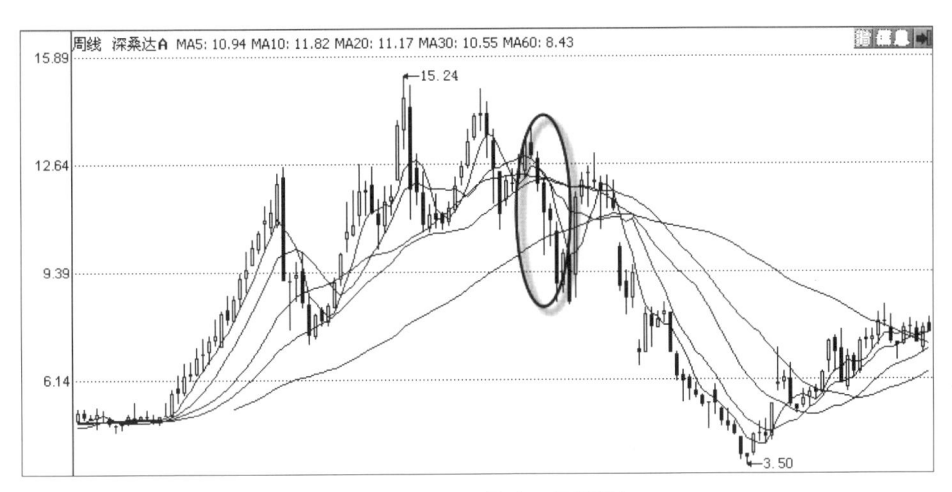

第 3 章　戰術三：出貨（大戶怎麼走就怎麼跟，訊號對了就出手）

▲ 圖 3.26　深桑達 A 週線圖

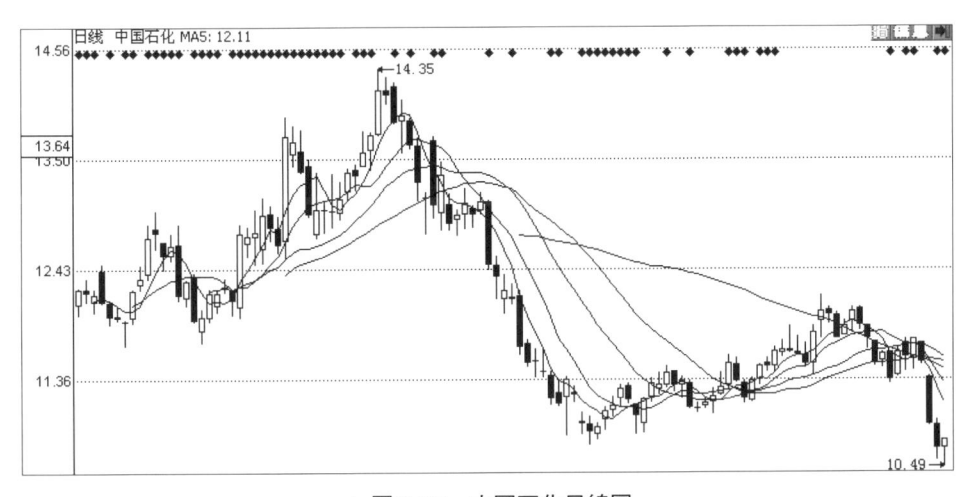

▲ 圖 3.27　中國石化日線圖

3.2.6 放量下跌時：大戶製造的成交量假象

【大戶意圖】

一般來說，在股價上漲的初期應該有放量的出現，但如果放量不漲反而下跌，有可能是大戶開始出貨。因為在股價上漲時，大幅度的成交量是推動股價繼續上漲的原動力，所以只有繼續上漲才符合原理。但股價反而下跌，這常常是大戶為了出貨製造的成交量假象，迷惑跟莊者在高位繼續追漲，以接住大戶賣盤。

【個股分析】

如圖 3.28 所示為長江電力日線圖。當股價運行到 20.68 元附近，成交量明顯放大但股價下跌，這就是大戶出貨的標誌。

▲ 圖 3.28　長江電力日線圖

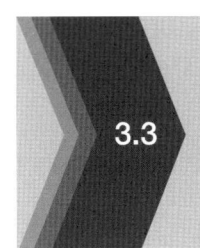

3.3 從圖表看出大戶出貨的軌跡

大戶出貨時，在技術分析圖表中往往會留下一定的痕跡。經由技術走勢圖的分析，也可以及時察覺到大戶開始出貨。

3.3.1 開高走低，未來會加速下跌

【大戶意圖】

在股價上漲到高位，如果出現開高的跡象，散戶一定不要盲目樂觀，因為此時追漲有一定風險。如果下個交易日出現開高走低的現象，一定要賣出手中的股票。因為這往往是大戶開始出貨的特徵，此刻向下跳空缺口是衰竭缺口，未來走勢不僅不會上漲，而且會加速下跌。

【個股分析】

如圖 3.29 所示為長江電力日線圖。股價達到 23.82 元的當天，此前一個交易日大幅開高。值得注意的是，此次大幅開高不僅沒有上漲反而大幅下挫，且成交量在下跌時快速增大，這就是大戶出貨的典型標誌。

▲ 圖 3.29　長江電力日線圖

3.3.2　打開跌停板：大戶製造上漲的假象

【大戶意圖】

當大戶急於出貨時，大幅砸盤使股價跌落到跌停板附近，這時大戶常常會少量買入股票，使跌停板小幅度地打開，製造股價可以繼續上行的假象。許多散戶認為此時是逢低買入的絕好時機，但無疑是又幫助大戶賣掉手中的籌碼。

【個股分析】

如圖 3.30 所示為廣宇發展日線圖。圖中箭頭指向的交易日當天出現跌停板，可見大戶出貨時打壓股價的程度很深。如圖 3.31 所示為該交易日當天分時圖，可以看到，大戶在跌停板位置幾次打開，目的就是吸引更多的散戶進行抄底。

第 3 章　戰術三：出貨（大戶怎麼走就怎麼跟，訊號對了就出手）

▲ 圖 3.30　廣宇發展日線圖

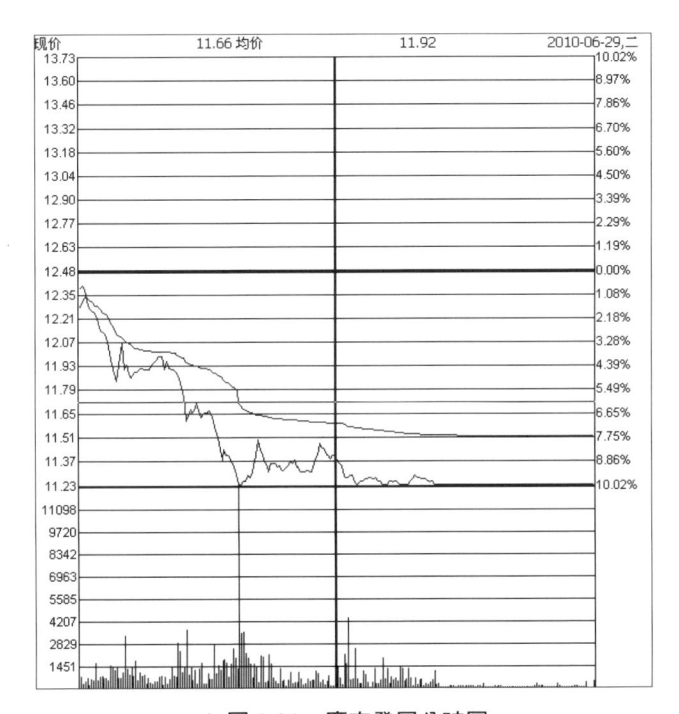

▲ 圖 3.31　廣宇發展分時圖

3.3.3 收盤前拉升：並非止跌回升的跡象

【大戶意圖】

如果某個交易日出現尾盤上升的態勢，一定要注意，有可能是大戶出貨的標誌。因為大戶出貨時，常常會讓盤面出現小幅度上漲，使股民認為股票已經有止跌回升的跡象。這樣可以使股民在第二天少量買入股票，承接大戶手中的賣盤。

【個股分析】

如圖 3.32 所示為新賽股份分時圖。股價在尾盤出現明顯上漲，但這是大戶故意製造的假象，目的是讓更多投資者認為後市依然看漲，但真正的走勢是直線下行的，如圖 3.33 所示。

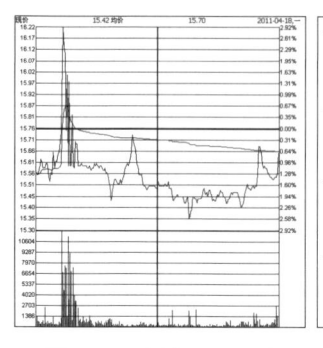

▲ 圖 3.32　新賽股份分時圖　　　　▲ 圖 3.33　新賽股份日線圖

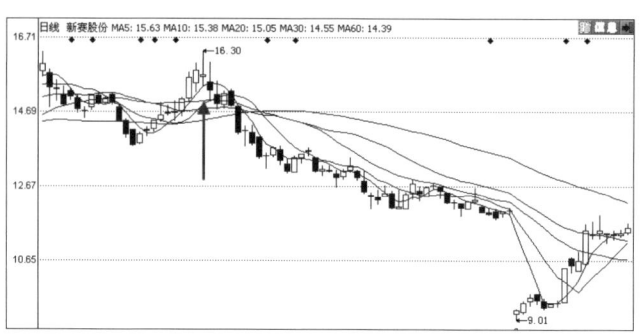

第 4 章

戰術四：騙線手法
（注意散戶必知！大戶常用的騙線手段）

4.1 避雷專用——別碰這些假的交易訊號

許多股票交易者，是經由技術分析得出買賣交易結論，也就是說，技術分析在整個金融市場中佔有決定性的優勢。因此大戶往往利用這一現象，利用自己控盤的優勢，使技術走勢圖中發出一些虛假的交易訊號。

4.1.1 大戶故意突破壓力位，等散戶追漲後打壓股價

【大戶意圖】

在股市中，常見的技術關口或走勢圖中的重要壓力位，都是散戶所十分關注的。一般情況下，散戶等股價成功突破這些壓力位，才會抱著看漲的態度，繼續買入股票或買入新股票。

大戶正是利用這種交易心理，以資金雄厚的優勢，故意突破這些壓力位，使交易者產生錯覺，誤認為向上的推動力十分強大。事實上，這些壓力位沒有任何的壓制作用，但此時散戶會紛紛買入股票，這正是大戶所希望的。等更多買盤追漲進入市場時，大戶就會向下打壓股價，形成洗盤操作。這時一些恐慌散戶會紛紛賣出股票，大戶就

清除了一些跟莊者，還可以吸納廉價的賣盤。

【個股分析】

　　如圖4.1所示為蘭花科創日線圖。當股價突破前期高點後，根據技術分析理論，後市應該向上運行，且此次突破出現一個向上的跳空，上漲的可能性應該更大。但是大戶故意拉高價格進行試盤，此後股價不僅沒有上漲，反而大幅下跌。

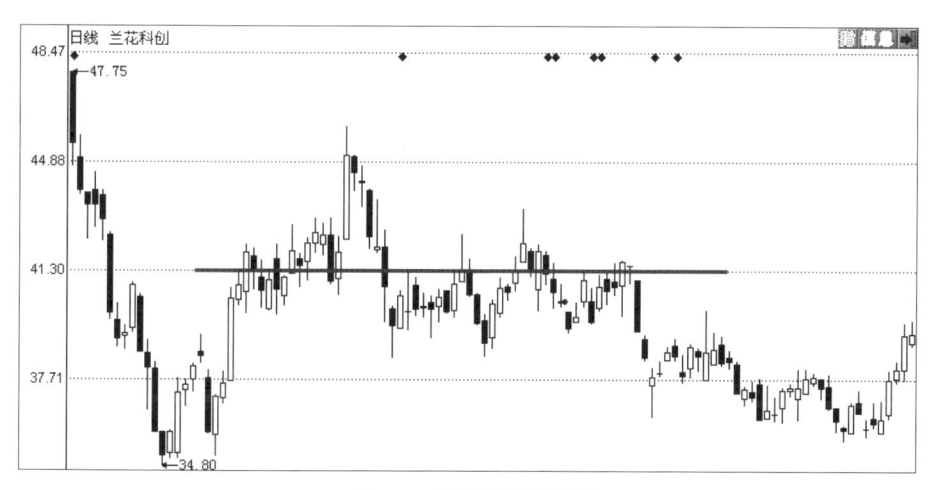

▲ 圖4.1　蘭花科創日線圖

4.1.2　製造假的技術型態，誤導技術分析投資人

【大戶意圖】

　　技術型態也屬於技術分析中的重要組成部分，比如頭肩頂、頭肩底等型態，都是技術分析者非常關注的。當這些型態出現後，一般投資者會據此來買入或賣出股票。

　　但大戶會反其道而行之，利用手中大量籌碼可以控盤的優勢，

使股價在高位出現可以買入的看漲型態，等有跟莊者逢高追漲後，再大幅向下打壓股價。

【個股分析】

如圖 4.2 所示為鳳凰光學日線圖。在下跌的過程中出現頭肩底形態，當大戶故意拉升股價突破頸線後，買入股票的散戶都上當了。後市大戶繼續打壓股價，這僅僅是大戶的一次試盤而已。如圖 4.3 所示

▲ 圖 4.2　鳳凰光學日線圖

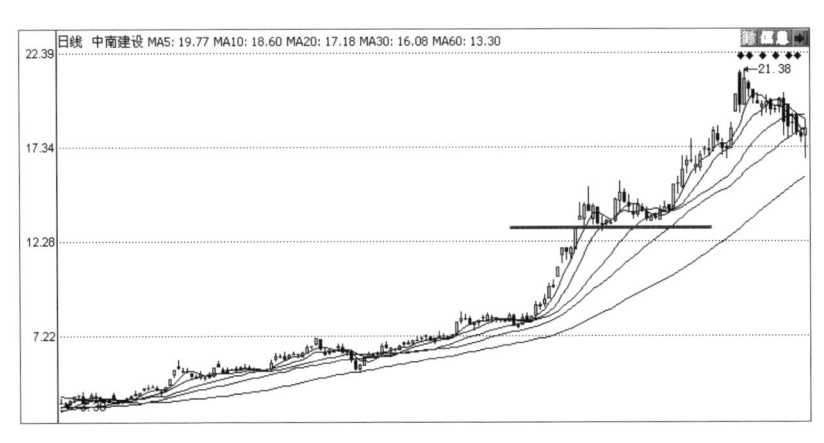

▲ 圖 4.3　中南建設日線圖

第 4 章　戰術四：騙線手法（散戶必知！大戶常用的騙線手段）

為中南建設日線圖。在上漲的途中，大戶故意製造一個雙重頂，迫使一些交易者提前出場，達到洗盤的目的。

4.1.3　用上吊線騙術，達到洗盤目的

【大戶意圖】

K線組合是很多交易者的分析工具，大戶也常常利用這一工具來矇蔽交易者，讓K線多次發出虛假的訊號，造成交易者的頻繁錯誤進出場。

【個股分析】

如圖4.4所示為東北電氣日線圖。圖中的上吊線會讓很多投資者出場，尤其第二天的陰線，更會迫使前一日沒有出場的交易者離場。大戶僅僅用這兩個交易日，就達到洗盤的目的。

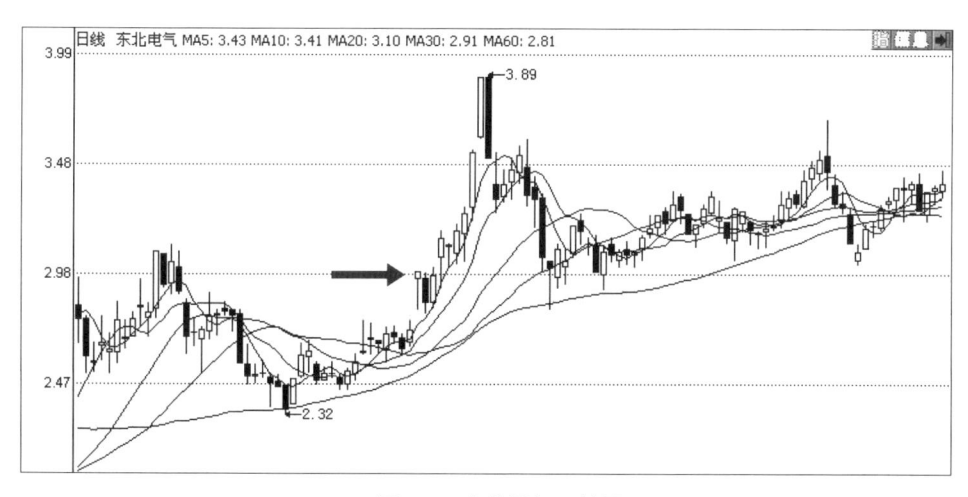

▲ 圖 4.4　東北電氣日線圖

4.1.4　用槌子線騙術，使散戶被深深套牢

【大戶意圖】

　　錘子線是常見的買入訊號，很多投資者會根據這個訊號進場買入股票。大戶也知道這個原理，於是常常故意製造虛假的錘子線，來引誘散戶上當。

【個股分析】

　　如圖4.5所示為雙鶴藥業日線圖。圖中所指的錘子線是大戶試盤的產物，但很多投資者會根據它來做出買入的決定。第二天的陽線通常會再次引發一輪抄底熱潮，這都會被市場深深套牢。

4.1.5　用看漲吞沒騙術，製造假上漲行情

【大戶意圖】

　　很多人認為，看漲吞沒是比較準確的買入訊號，因為第二天的實體很大，已經遠遠超過前一日的陰線。但實際上，大戶具有很強的控盤能力，因此很容易製造一個虛假的上漲交易日。

【個股分析】

　　如圖4.6所示為保利地產日線圖。圖中的看漲吞沒型態，會讓許多散戶進場做多。但大戶經過試盤，認為此時的承接能力不強，還需向下打壓股價。

第 4 章　戰術四：騙線手法（散戶必知！大戶常用的騙線手段）

▲ 圖 4.5　雙鶴藥業日線圖

▲ 圖 4.6　保利地產日線圖

101

4.1.6 用看跌吞沒騙術，使散戶感到恐慌

【大戶意圖】

　　看到看跌吞沒型態，很多散戶會感到恐慌，因為如此巨大的陰線已經吞沒之前的漲幅。但是散戶應該意識到，大戶擁有大量籌碼，故意向下打壓幾個交易日是輕而易舉的。

【個股分析】

　　如圖4.7所示為寧波聯合日線圖。在上漲的途中，出現一個看跌的吞沒型態，這會導致許多交易者平倉。大戶正是希望達到此種洗盤的效果，而後市卻繼續拉升。

4.1.7 用烏雲蓋頂騙術，利用散戶心理洗盤

【大戶意圖】

　　烏雲蓋頂型態出現後，投資者可能會認為市場的頂部已經出現。因為股價在開高後大幅走低，大戶就是利用散戶的這種心理來完成洗盤。

【個股分析】

　　如圖4.8所示為寧波聯合日線圖。股價在連續的拉升後，出現一個烏雲蓋頂型態，這是大戶洗盤故意拉出的K線型態，目的是讓交易者離場。

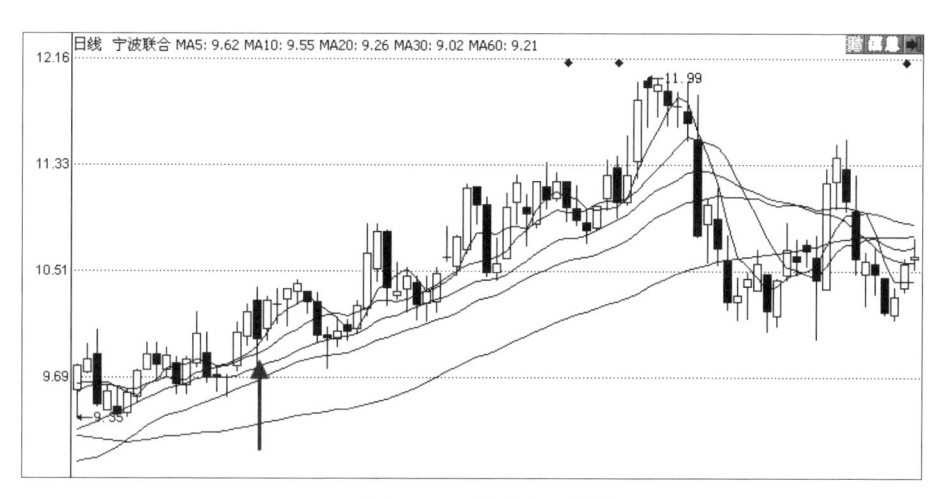

第4章　戰術四：騙線手法（散戶必知！大戶常用的騙線手段）

▲ 圖 4.7　寧波聯合日線圖

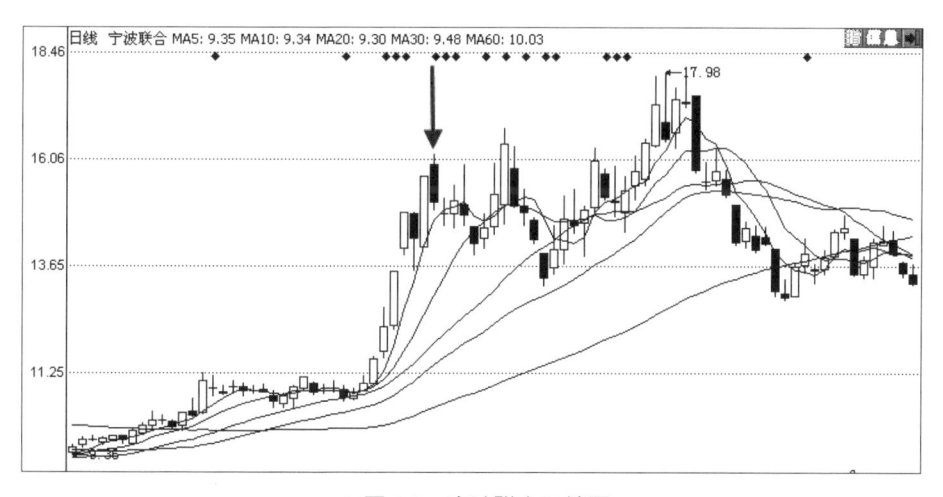

▲ 圖 4.8　寧波聯合日線圖

103

4.1.8 用看漲刺入騙術，製造股價跌到低點假象

【大戶意圖】

看漲刺入型態出現後，許多散戶會認為市場的低點已經出現，股價開始上漲。但大戶常常利用這個型態來進行試盤，真正的上漲行情還沒有到來。

【個股分析】

如圖4.9所示為寧波聯合日線圖。圖中出現的看漲刺入型態是大戶在試盤，目的是測試下方的承接能力。股民不能據此做出買入的決斷，後市不僅沒有上漲反而橫盤下跌。

4.1.9 用啟明星騙術，測試下方的承接能力

【大戶意圖】

啟明星是常見的買入訊號，但是大戶會故意製造這個型態來進行試盤，目的是測試下方的承接能力，看看是否可以拉升。

【個股分析】

如圖4.10所示為寧波聯合日線圖。圖中出現的啟明星型態是大戶試盤所為，此次試盤不僅測試了下方的承接能力，還達到一定的震倉效果。

第 4 章　戰術四：騙線手法（散戶必知！大戶常用的騙線手段）

▲ 圖 4.9　寧波聯合日線圖

▲ 圖 4.10　寧波聯合日線圖

4.1.10 用黃昏之星騙術，讓投資人紛紛離場

【大戶意圖】

大戶在震倉時常會製造黃昏之星型態，因為投資者根據 K 線理論，會認為市場已經到達頂部而離場，大戶的目的也就因此達到了。

【個股分析】

如圖 4.11 所示為寧波聯合日線圖。大戶為了震倉故意拉出一個黃昏之星型態，上當的散戶必定會出場而喪失大部分利潤。

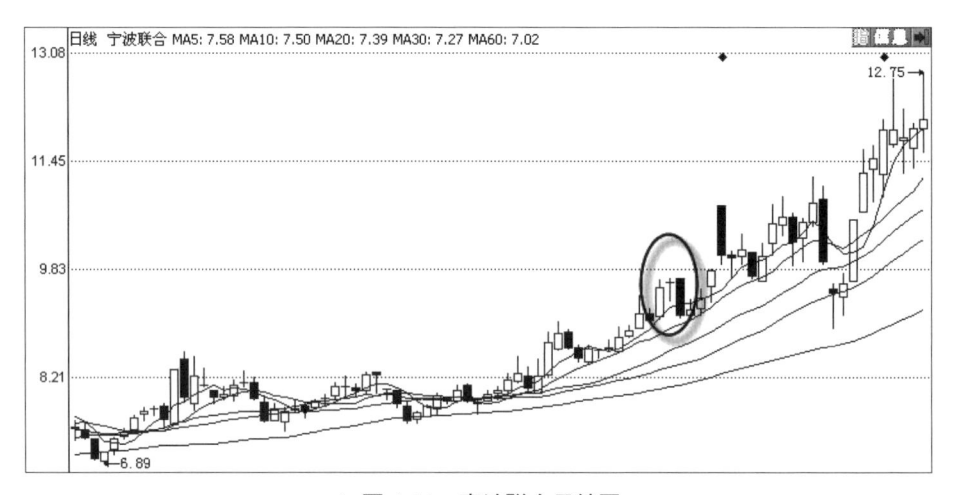

▲ 圖 4.11　寧波聯合日線圖

4.1.11　流星線騙術，是大戶最愛用的手段

【大戶意圖】

流星線是大戶洗盤時最愛採取的手段。因為在股價的高位出現一根明顯的上影線，會讓大多數投資者認為上方的壓力不小。

【個股分析】

如圖4.12所示為重慶路橋日線圖。圖中的一根流星線是大戶洗盤的結果，大戶在拉升過程中，往往可以製造某個交易日的K線型態，輕易達到洗盤目的。

▲ 圖4.12　重慶路橋日線圖

4.1.12　倒槌子線騙術，大戶利用散戶出逃

【大戶意圖】

倒錘子線騙術是大戶出貨時常採用的手段，許多交易者在此時會根據K線理論買入股票，但實際上買入的都是大戶的出貨，也就是說散戶在幫助大戶更快出逃。

【個股分析】

如圖4.13所示為寧波聯合日線圖。大戶為了更好出貨，製造了一個倒錘子線，目的是讓更多的投資者進入市場，承接大戶的賣盤。

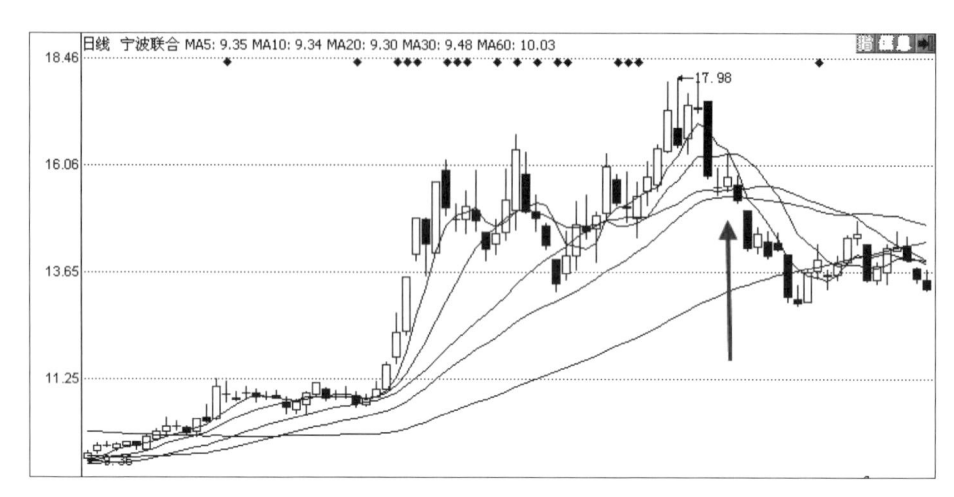

▲ 圖 4.13　寧波聯合日線圖

4.1.13　用 MACD 騙術，發出死亡交叉訊號

【大戶意圖】

技術指標是每個交易者幾乎都會用到的技術分析工具之一，且有一部分技術分析人員，十分偏愛使用技術指標。大戶也會利用技術指標工具上的缺陷，來刻意製造出假訊號，目的是使投資者得出錯誤的交易結論。

【個股分析】

如圖 4.14 所示為中聯重科日線圖。圖中在一次長時間的橫盤洗盤中，MACD 配合大戶發出死亡交叉的訊號，這會讓更多的散戶投資者提早出場。

如圖 4.15 所示為紫江企業日線圖。MACD 紅柱穿越零軸發出一個買入的訊號，股價卻下跌，這實際上是在配合大戶出貨。

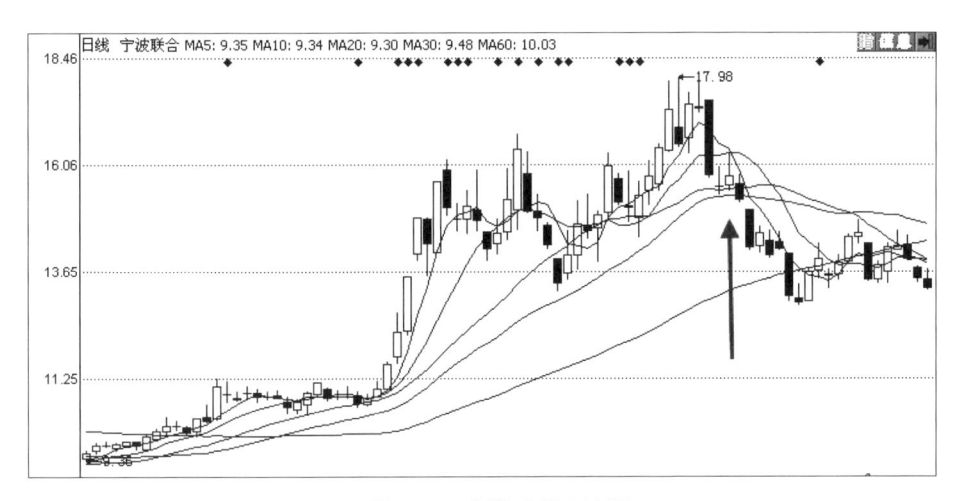

第 4 章　戰術四：騙線手法（散戶必知！大戶常用的騙線手段）

▲ 圖 4.14　中聯重科日線圖

▲ 圖 4.15　紫江企業日線圖

如圖4.16所示為吉電股份日線圖。MACD在上漲中途出現一個背離現象，但大戶是以此來達到洗盤的目的，並非股價將要翻轉。

▲ 圖4.16　吉電股份日線圖

4.1.14　用KDJ騙術，達到洗盤效果

【大戶意圖】

KDJ是股民常用的技術指標之一，因為它發出的買賣訊號具有一定的超前性，大戶常故意反其道而行之，以此來欺騙散戶。

【個股分析】

如圖4.17所示的為新希望日線圖。大戶利用散戶喜歡使用KDJ指標的特點，在上漲途中製造多次KDJ死亡交叉，達到洗盤的效果。

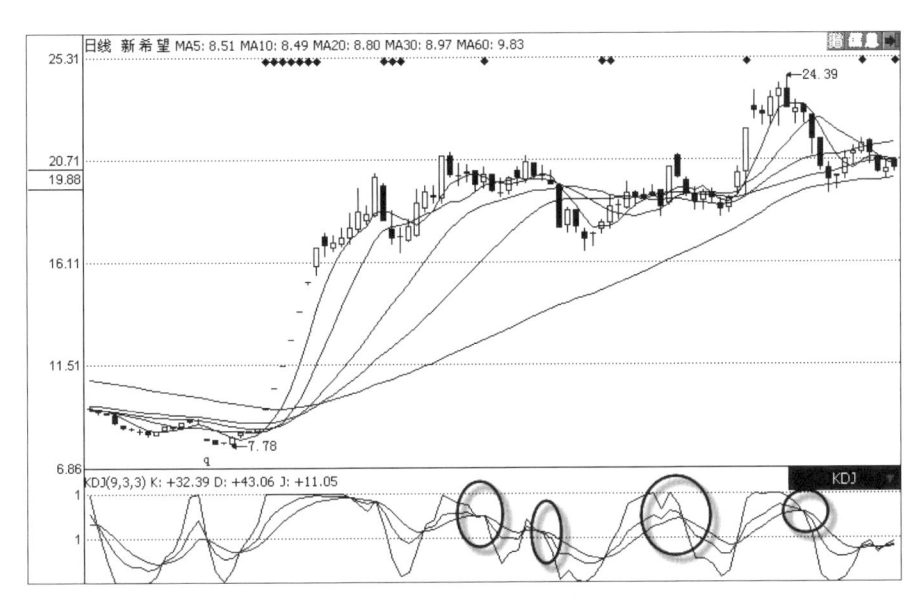

第 4 章　戰術四：騙線手法（散戶必知！大戶常用的騙線手段）

▲ 圖 4.17　新希望日線圖

▲ 圖 4.18　天山股份日線圖

111

如圖4.18所示為天山股份日線圖。大戶在拉升之處製造KDJ的超買訊號，使得許多散戶沒敢跟風入場，大大減少跟莊者的數量。

4.1.15　用RSI指標騙術製造假訊號

【大戶意圖】

RSI是短線交易者最喜歡使用的技術指標，有「短線指標之王」之稱。因此許多大戶在坐莊的整個過程中，會故意製造RSI指標的虛假訊號，來達到其目的。

【個股分析】

如圖4.19所示為雲南銅業日線圖。大戶為了達到洗盤目的，在大幅拉升的過程中，故意製造多個RSI指標的死亡交叉，根據RSI指

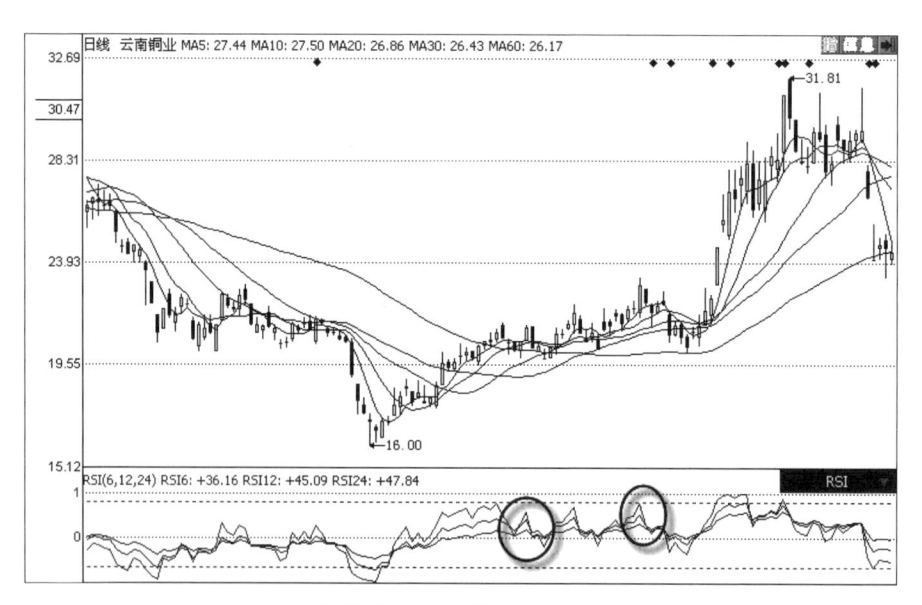

▲ 圖 4.19　雲南銅業日線圖

標進行分析的投資者，必定會在中途出場。

如圖4.20所示為天山股份日線圖。大戶利用RSI指標的超買訊號，進行拉升環節中的洗盤。不少跟莊者會看到RSI一直處於超買區，於是不敢繼續持有股票而中途離場。

▲ 圖4.20　天山股份日線圖

4.2 大戶常用的行情走勢騙術

當股市處於上漲或者下跌的行情中，大戶也常常會採用騙術來矇蔽跟莊者，使跟莊者直接對行情的走勢做出相反的判斷。

4.2.1 軋空誘多：誘使投資人進場做多

【大戶意圖】

這種方式出現在大戶推升股價的過程中，拉升速度十分緩慢，但每拉升一段距離後，均有大幅度的向下打壓，與之前的拉升過程相比，股價下滑的速度更大。散戶可能會有行情下跌而並非上漲的錯誤觀念，此後大戶會再打壓至一個低點時繼續向上拉升，認為是下跌行情的交易者，此時可能再次進場做多。

大戶在繼續緩慢拉升後，採取同樣的方法繼續大幅度降價打壓，於是又有一部分交易者認為行情是下跌而非上漲，如此反覆幾次會導致交易者紛紛出場。

但每次出場後大戶繼續推升股價，此時會有更多交易者認為行情是上漲狀態，於是紛紛買入股票。等大戶拉升到最高位附近時，迅

速向下打壓股價，此時會有更多交易者買入，因為之前上漲過程中已出現多次下跌，此後的股價皆為上漲狀態。此打壓往往是大戶開始出貨，這是最後一次下跌，此後不會再次拉升。

【個股分析】

如圖 4.21 所示為特爾佳日線圖。大戶拉升股價的過程十分緩慢，且拉升途中還不時快速打壓，之前認為是行情上漲的投資者可能會認為行情看空，而紛紛離場。但每次打壓後，股價都會被大戶在此拉高，這就使得投資者認為走勢是向上的而不能看空，實際上是大戶為出貨提前做的準備。

當股價拉升到一定高度後，大戶會大量出貨，此時股價也會大幅下跌。但根據前面的規律，跟莊者認為後市大戶還會拉升，紛紛抄底買入，實際上是在幫助大戶更快離場。如圖 4.22 大戶在拉升過程中故意打壓股價，但此次打壓的幅度遠遠超過圖 4.21，誘使不少投資者進場，為大戶出貨接盤。

▲ 圖 4.21　特爾佳日線圖

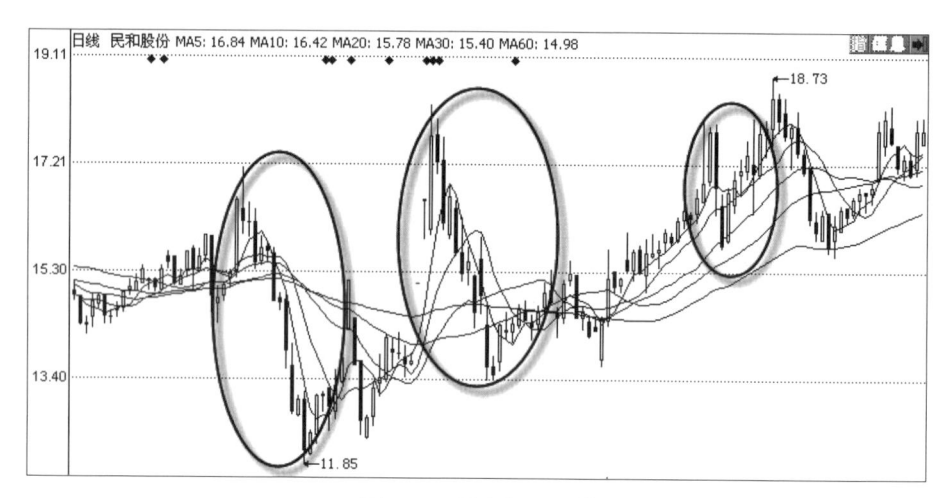

▲ 圖 4.22　民和股份日線圖

4.2.2　軋空誘空：投資人以為能抄底卻被套牢

【大戶意圖】

軋多誘空是在股價已經處於下跌過程中，大戶可能有意向上小幅拉升，這時一些跟莊者往往認為大戶已經開始建倉，或股價已經處於極度下跌狀態，將要止跌回升，於是紛紛抄底。

但股價依然繼續下跌，於是已經買入的交易者此時被套牢。等再下跌一段距離，再次出現向上拉升的跡象，未買入的交易者有可能再次逢低吸納，而之前買入的交易者，此時可能期望自己的套牢股票被解套。事與願違，股價再次在反彈後繼續下跌，於是之前買入股票的交易者全部被套牢。

【個股分析】

如圖 4.23 所示為寧波聯合日線圖。股價在下跌的過程中，大戶故意小幅拉升，迫使交易者認為股價已經到底，可以進場做多。但每

第 4 章 戰術四：騙線手法（散戶必知！大戶常用的騙線手段）

次進場都是被市場套牢，一些投資者禁不住虧損的折磨，就會賣出股票，於是大戶輕而易舉獲得廉價籌碼。

如圖4.24所示為保利地產日線圖。大戶在打壓股價的過程中多次小幅拉升，誘導大量交易者提前進場做多而被套牢。

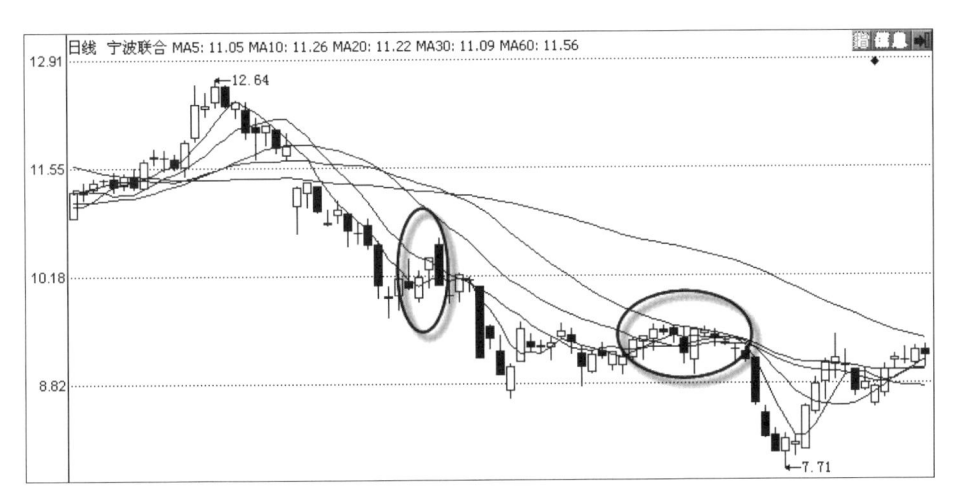

▲ 圖4.23　寧波聯合日線圖

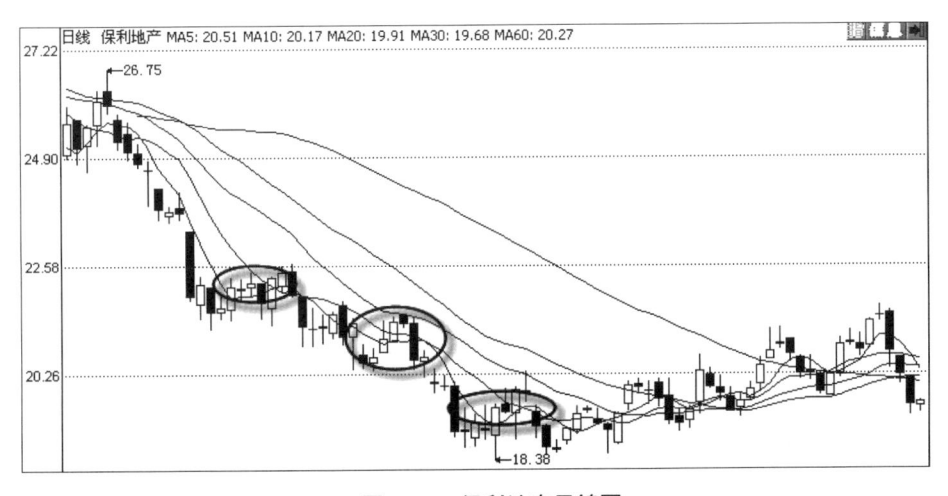

▲ 圖4.24　保利地產日線圖

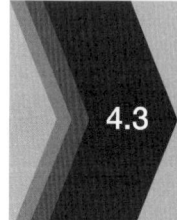

4.3 成交量出現這些訊號時，千萬要小心！

在股市中，除了價格是重要的數據，成交量的重要性也是人盡皆知的。大戶常常在成交量上做文章，來矇蔽交易者。

4.3.1 無量下跌：大戶趁此吸收更多籌碼

【大戶意圖】

大戶常在股價下跌時，製造成交量極度低迷的狀態，使投資者誤以為價格已經接近市場的底部而紛紛進場。之後大戶繼續將價格向下打壓，使市場新低不斷出現，於是停損出場的投資者越來越多。大戶正是利用此機會完成建倉的操作，用更低的成本吸納籌碼。

【個股分析】

如圖4.25所示為用友軟件日線圖。股價下跌時成交量出現低迷的情況，這會讓交易者認為後市依然下跌，於是紛紛離場觀望，但大戶正在這個階段悄然進場建倉，散戶的賣盤全部進入大戶手中。

如圖4.26所示為大連熱電日線圖。大戶利用無量的下跌製造悲觀氣氛，使許多投資者不敢進場，也同時導致許多虧損的交易者出

第 4 章　戰術四：騙線手法（散戶必知！大戶常用的騙線手段）

▲ 圖 4.25　用友軟件日線圖

▲ 圖 4.26　大連熱電日線圖

119

場，但大戶卻隱蔽地吸籌。

4.3.2 無量上漲：大戶小心拉升並建倉

【大戶意圖】

　　股價剛走出市場的底部時，成交量常會出現低迷的狀態。因為大部分籌碼已經被大戶所控制，而一些沒有賣出的交易者經過長時間套牢，此時必然不會停損出場。

　　因此，實際上新資金介入市場的數量並不太多，觀望的人佔絕大部分。成交量上出現低迷的狀態，這也是大戶希望見到的，因為更有利於大戶繼續吸納籌碼。當成交量出現放量，股價開始向上拉升時，大戶就完成建倉的工作。

【個股分析】

　　如圖4.27所示為貴州茅台日線圖。大戶在市場底部製造低迷的成交量假象，給人上漲缺乏成交量推動的錯覺。此階段大戶不僅可以繼續吸籌建倉，且拉升時基本上不會有阻力，也沒有太多跟莊者。

　　如圖4.28所示為合興包裝日線圖。大戶在拉升之初成交量一直非常低，這也是大部分籌碼掌握在大戶手中造成的。大戶故意隱蔽拉升並繼續建倉，目的是不讓更多的跟莊者入場。

4.3.3 量價背離：大戶的震倉方式之一

【大戶意圖】

　　量價背離是指股價在上漲途中，成交量和股價出現截然相反的走勢，如股價向上緩慢爬升，成交量卻出現遞減的狀態。一般投資者

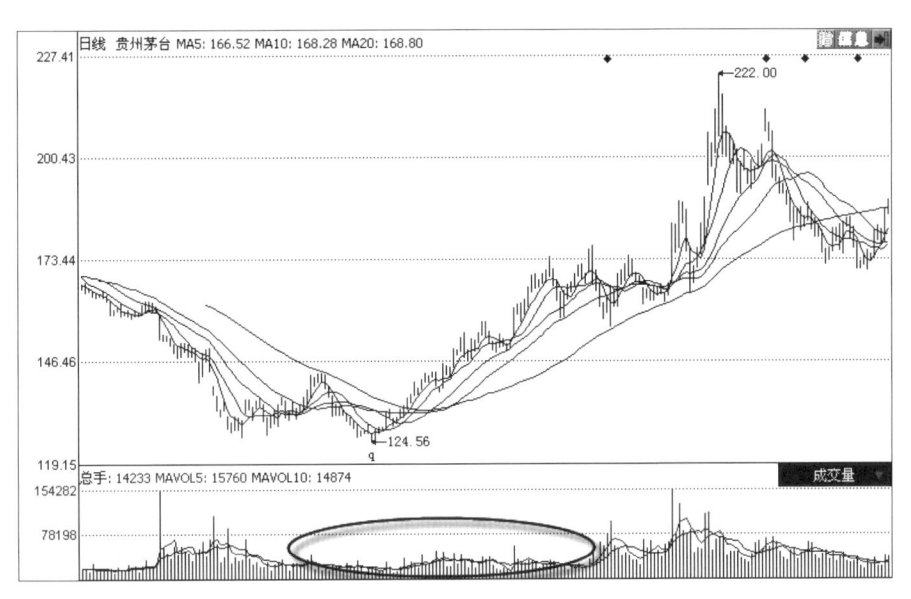

第 4 章　戰術四：騙線手法（散戶必知！大戶常用的騙線手段）

▲ 圖 4.27　貴州茅台日線圖

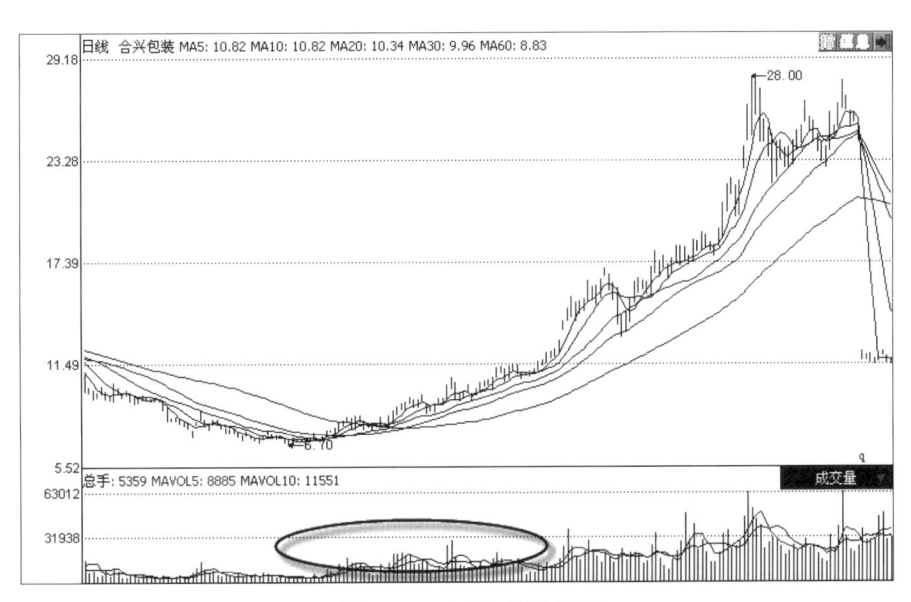

▲ 圖 4.28　合興包裝日線圖

會認為此時多頭力量不足，沒有足夠的買盤推動股價繼續上行，股價有可能轉向下跌，於是紛紛賣出手中的股票。

實際上，這完全是大戶製造的成交量假象，也是一種震倉的方式，其最終目的就是在繼續大幅度向上拉升之前，使更多散戶出場。

【個股分析】

如圖 4.29 所示為金嶺礦業週線圖。大戶在拉升過程中，故意使成交量出現下降的走勢，使投資者認為行情即將轉向，多頭已經能量衰竭，其實這只是大戶洗盤的手段之一。跟莊者正確的做法是繼續持有股票，等待股價繼續上漲。

如圖 4.30 所示為陝天然氣週線圖。大戶在拉升途中也製造了量價背離的走勢，投資者切莫上當，過早賣出股票，應該大膽地繼續持有，謀取更多的獲利。

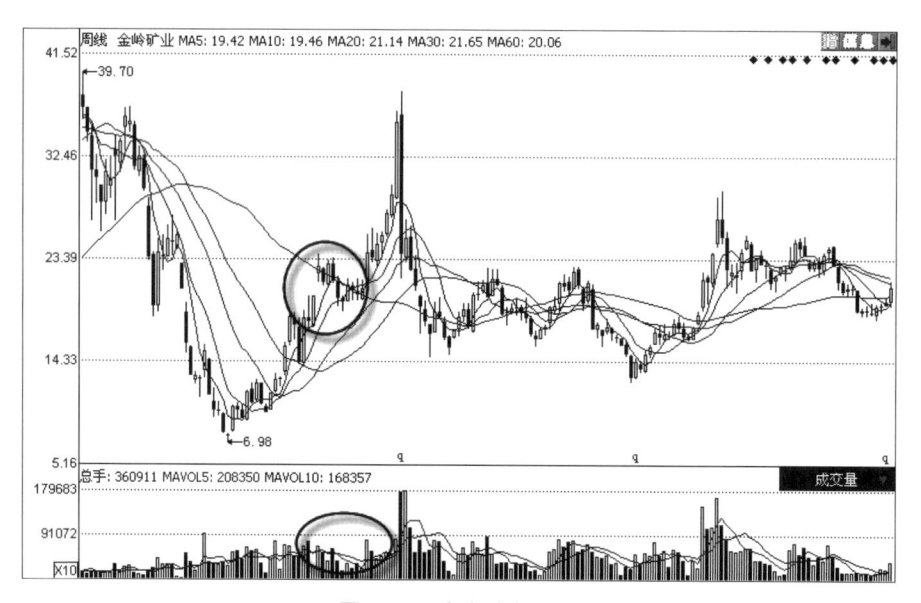

▲ 圖 4.29　金嶺礦業週線圖

第 4 章　戰術四：騙線手法（散戶必知！大戶常用的騙線手段）

▲ 圖 4.30　陝天然氣週線圖

4.3.4　頂部放量大陽線：大戶出貨的最好時機

【大戶意圖】

　　當股價處於較高價位時，如果出現一根大陽線，且伴隨著此陽線的出現成交量明顯放大，多數人會認為這是看多的表現。這表示多方力量十分強大，有更多買盤推動著價格會進一步向上運行，有更多大戶在進場。

　　實際上這種想法完全錯誤，該型態通常是大戶出貨的最好時機。如果沒有大戶的大量賣盤出現，此時也不會有如此多的買入者。

【個股分析】

　　如圖 4.31 所示為偉星股份日線圖。股價在一根跳空大陽線達到最高價，成交量出現巨量配合，但大戶正是利用這個時機進行出貨。

一眼看穿大戶的戰術

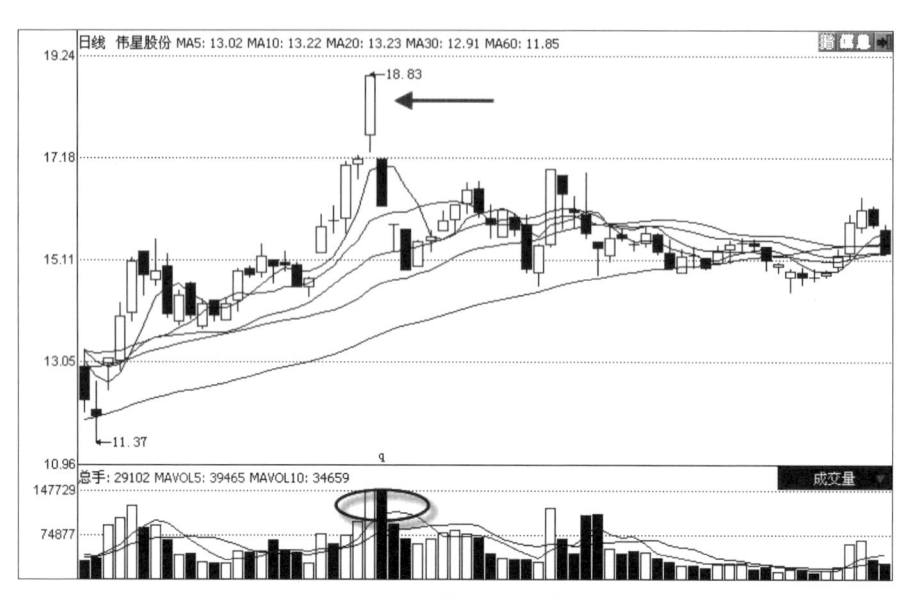

▲ 圖 4.31　偉星股份日線圖

　　如圖 4.32 為民和股份日線圖。大戶利用大陽線配合巨量開始出貨，跟莊者一定要意識到，在幾個漲停板後的巨量大陽線風險很大。此時的巨大成交量必定要有巨大的賣盤，這往往就是大戶在出貨。

4.3.5　頂部放量小陽線：散戶別貪心，應盡快離場

【大戶意圖】

　　在市場頂部附近如果成交量極度放大，股價卻收成一根小陽線，這也是大戶故意而為，大多是大戶出貨造成的。

【個股分析】

　　如圖 4.33 所示為雙環科技日線圖。股價在 10.11 元達到高點，收成一根小陽線且伴有長長的上影線，成交量極度增大。跟莊者不能認

第 4 章　戰術四：騙線手法（散戶必知！大戶常用的騙線手段）

▲ 圖 4.32　民和股份日線圖

▲ 圖 4.33　雙環科技日線圖

125

為如此巨大的成交量，可以推動股價再創新高，因為大戶往往利用散戶有這種想法而開始出貨。

如圖4.34所示為大冶特鋼日線圖。市場頂部的陽線儘管成交量極大，但在創出新高的同時，也留下長長的上影線，這就是大戶出貨的標誌，跟莊者此時必須離場。

▲ 圖4.34　大冶特鋼日線圖

第 5 章

解析24種大戶操盤型態，帶你告別韭菜人生！

5.1 跳高一字線後不補缺，可分為兩種情況

【型態描述】

當日出現漲停開盤、漲停收盤的個股，呈現出「一」字走勢，並且在隨後的若干個交易日中，沒有向下回補缺口。具體來說，這種跳空一字型態可以分為兩種。

第一種是漲停開盤、漲停收盤、全天不開板的無量一字型態，這種激進的價格走勢多因重大利多消息所致。因利多消息的性質不同，個股連續出現跳空一字板數量也不盡相同。

在連續一字漲停之後，當個股打開漲停板時，其走勢也呈強勢橫盤型態，全無向下回補一字漲停板所留下的缺口。這種「跳高一字線後不補缺」的型態，往往是大戶資金在漲停板打開之後強勢護盤的表現。一般來說，它是大戶資金再度將個股拉升的表現，此時可以用適當的倉位進行短線操作，以分享大戶短期拉升的成果。

第二種是漲停開盤、中盤開板、尾盤再度封板的帶量一字板型態，這是多空雙方激進交鋒的表現。雖然空方賣壓較重，但個股在當日仍舊強勢封漲停，且在隨後的交易日中，也沒有向下回補缺口。

這種「跳高一字線後不補缺」的型態，更常見的盤整後的突破

第 5 章 解析 24 種大戶操盤型態，帶你告別韭菜人生！

初期，是大戶資金在快速拉升個股前，進行大力度加倉的表現。如果個股處於中長線的相對低位區，此時不僅是好的短線買股時機，還是好的中長線買股佈局時機。

【個股分析】

圖 5.1 為星馬汽車的走勢圖。此股在 2009 年 11 月 30 日公佈重大資產注入事項，因該項資產注入方案對於上市公司來說重大利多，隨之，此股展開連續無量的一字漲停板走勢。在這種連續一字板走勢之後，此股處於明顯的高點區，但個股卻沒有在獲利賣盤的賣壓下出現大幅回檔、向下補缺口的走勢，而是呈現出強勢的盤整走勢。

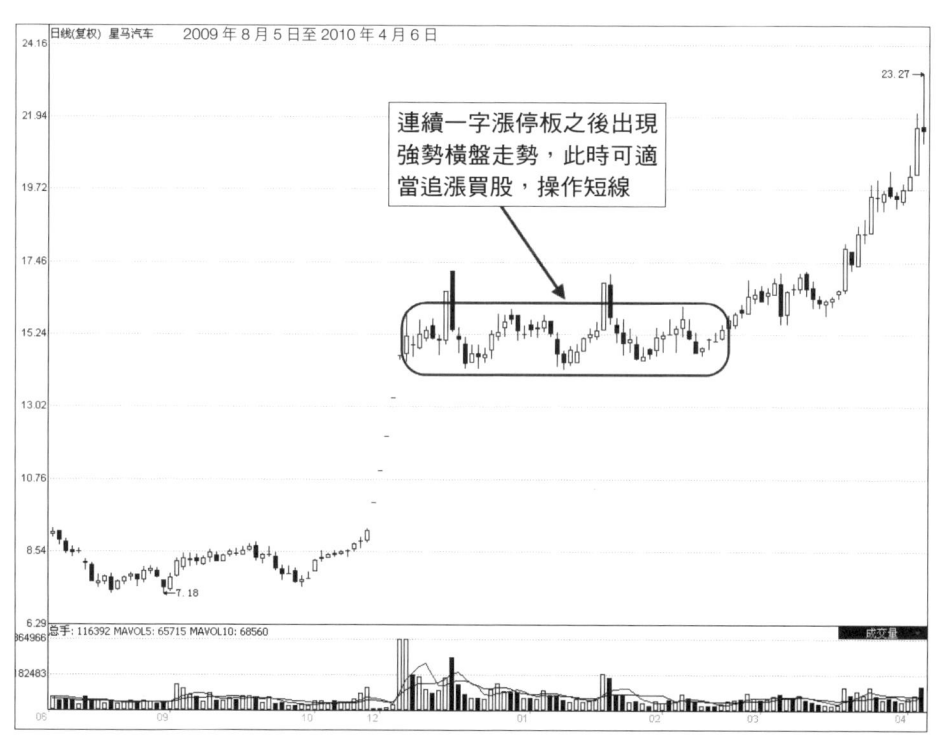

▲ 圖 5.1　星馬汽車：跳高一字線後不補缺型態

這說明大戶短期內並無出貨意圖，隨後仍有意強勢拉升個股，此時可適量買股進行短線參與。

圖 5.2 為中金黃金的走勢圖。此股在低位區經歷長時間的震盪後，出現漲停板開盤、盤中開板、收盤再度封板的跳高一字線。

且當日的量能相對放大，個股在整體走勢上呈現盤整向上突破，在這一漲停板之後的隨後幾日中，個股呈強勢盤整型態，這正是本節所講解的「跳高一字線後不補缺」型態。

由於此股還處於中長線的相對低位區，因此這種「跳高一字線後不補缺型態」還是大戶強勢拉升個股的最初訊號，也是進行中短線買股佈局的好時機。

▲ 圖 5.2　中金黃金：跳高一字線不補缺型態

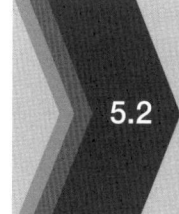

5.2 盤整後大陰破位缺口，是下跌的訊號

【型態描述】

個股在持續上漲後，高位區出現盤整震盪走勢，或是在下跌途中出現盤整震盪走勢。隨後，隨著盤整震盪走勢的持續，出現一根向下跳空破位大陰線。這種型態說明個股的前期盤整區域，屬於空方力量蓄勢的區域，而這個盤整後階段性低點的破位缺口大陰線型態，就是空方力量開始發起攻擊的訊號。如果沒能在前期的盤整區賣股離場，則此時就應及時賣股離場，以規避個股隨後的快速下跌走勢。

【個股分析】

圖5.3為浦發銀行的走勢圖。此股在持續上漲後的高位區，出現長時間的盤整走勢，隨後箭頭所指處出現向下破位的大陰線缺口。這是空方力量開始集中釋放的標誌，也是個股將破位下行的訊號。此時應及時地賣股離場，因為這種大漲後高位區所出現的盤整後大陰缺口，往往是趨勢反轉、快速下跌行情展開的訊號。

圖5.4為新湖中寶的走勢圖。此股在經下跌途中的盤整震盪之後，出現向下破位的大陰線缺口型態。這說明空方依舊佔據明顯的主導地位，是不宜過早抄底入場的訊號。

▲ 圖 5.3　浦發銀行：盤整後大陰缺口型態

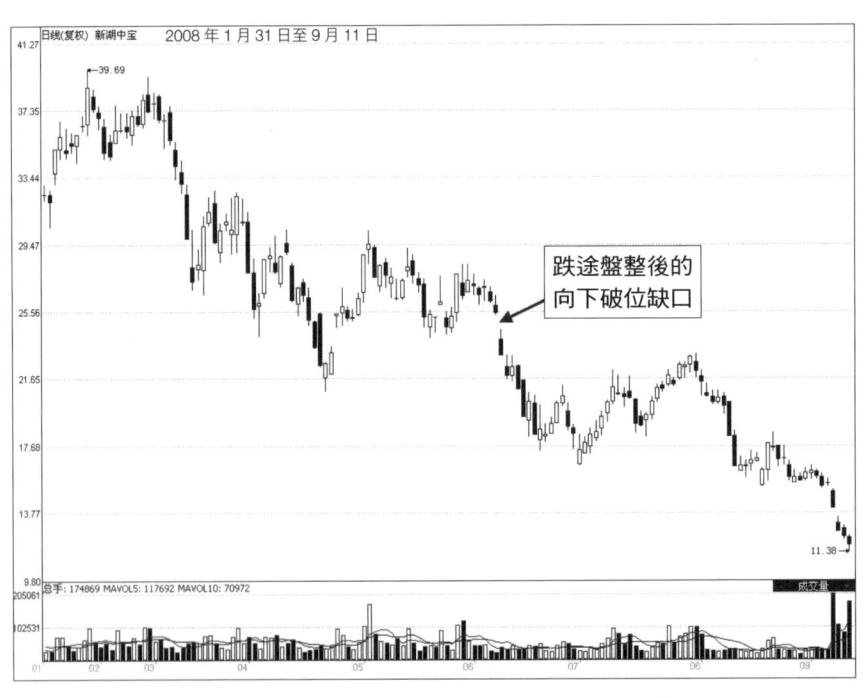

▲ 圖 5.4　新湖中寶：跌途盤整後大陰缺口型態

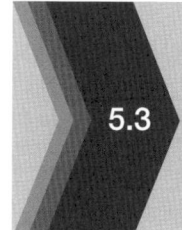

5.3 單日漲停突破後的強勢橫盤：股價即將被拉升

【型態描述】

個股在前期出現較長時間的盤整走勢，隨後，以一個單日漲停板的形成實現突破。但這天之後，此股並沒有快速突破上行，而是於漲停板之後出現強勢的橫盤走勢。

這種型態大多是大戶資金在階段性高點進行快速洗盤的表現，漲停板突破之後，個股處於全盤獲利的狀態下，但個股在停止上漲後的獲利區，並沒有在獲利賣壓下出現明顯回檔。

這是大戶控盤能力較強的表現，也是大戶隨後仍有意強勢拉升個股的訊號。如果個股的前期累計漲幅較小，則此結論將更為可靠。

【個股分析】

圖 5.5 為廣州藥業的走勢圖。此股在相對低位區出現長期的橫盤整理走勢，隨後以一個單日漲停板的型態實現突破，且在這一個漲停板後呈強勢盤整走勢，這種型態就是本節中所介紹的「單日漲停突破後的強勢盤整」型態。

在個股漲停突破後的強勢盤整走勢中，可以積極進行「高進」操作，即短線買股操作。

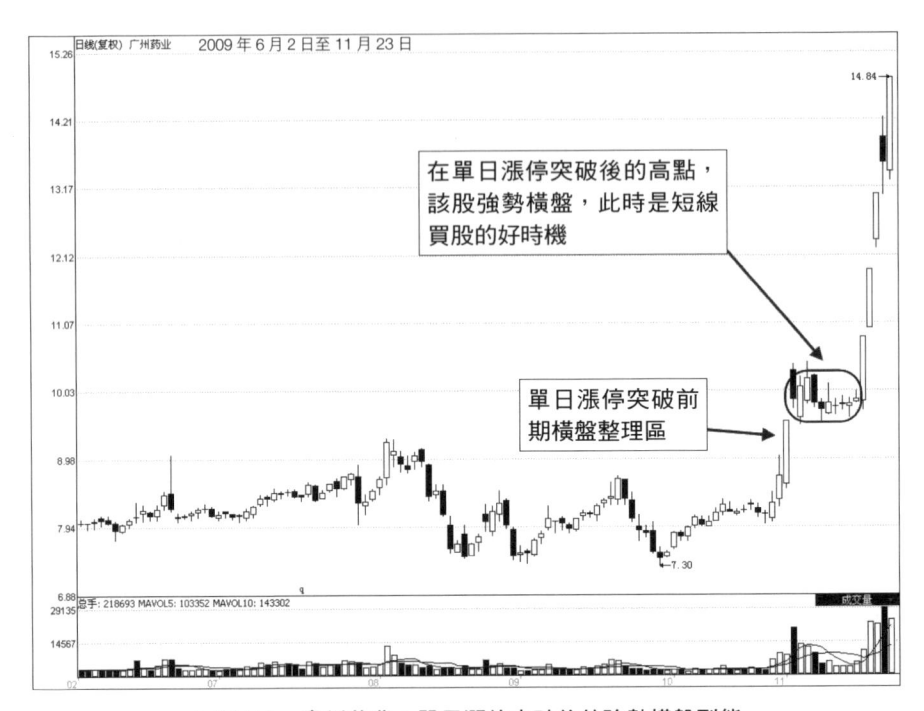

▲ 圖 5.5　廣州藥業：單日漲停突破後的強勢橫盤型態

5.4 高檔窄幅震盪後的放量大陽線，可積極短線追漲

【型態描述】

個股在持續上漲後的高位區，出現窄幅震盪的整理走勢，且股價重心仍有上移傾向。隨後，個股出現單日大幅放量的陽線型態，這一放量大陽線使個股呈突破上行的態勢。

這種型態是經整理走勢後，大戶資金有意強勢拉升個股的訊號。此時可以積極參與短線做多操作，即實施「高進」操作。

【個股分析】

圖5.6為安徽水利的走勢圖。在持續上漲後的階段性高點出現窄幅整理走勢，且股價重心略有上移。隨後出現放量大陽線型態，這是個股將突破上行的訊號，此時可以進行積極的短線追漲操作。

圖5.7為新華錦的走勢圖。此股在持續震盪上揚的高檔區，先是出現窄幅的整理走勢，在整理走勢過程中，可以看到股價重心略有上移，這是多方力量佔據主動的標誌。

隨後，一根相對放量的大陽線使得此股創出新高，並呈現突破上行的態勢。這根放量大陽線可以看作大戶資金有意強勢拉升個股的訊號，此時可以積極買股做多，以分享大戶拉升。

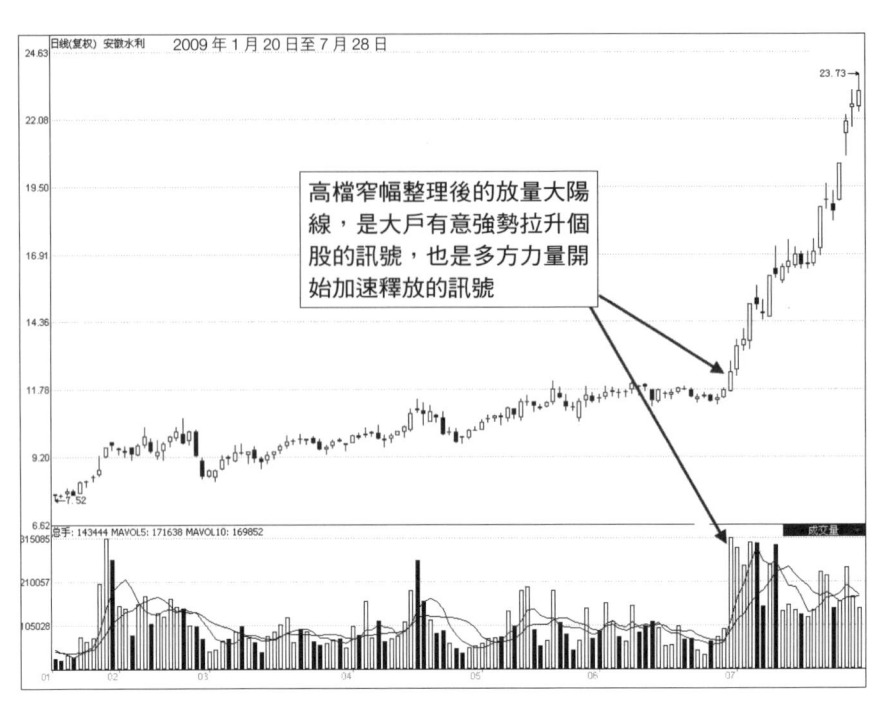

▲ 圖 5.6　安徽水利：高檔窄幅震盪後的放量大陽線型態

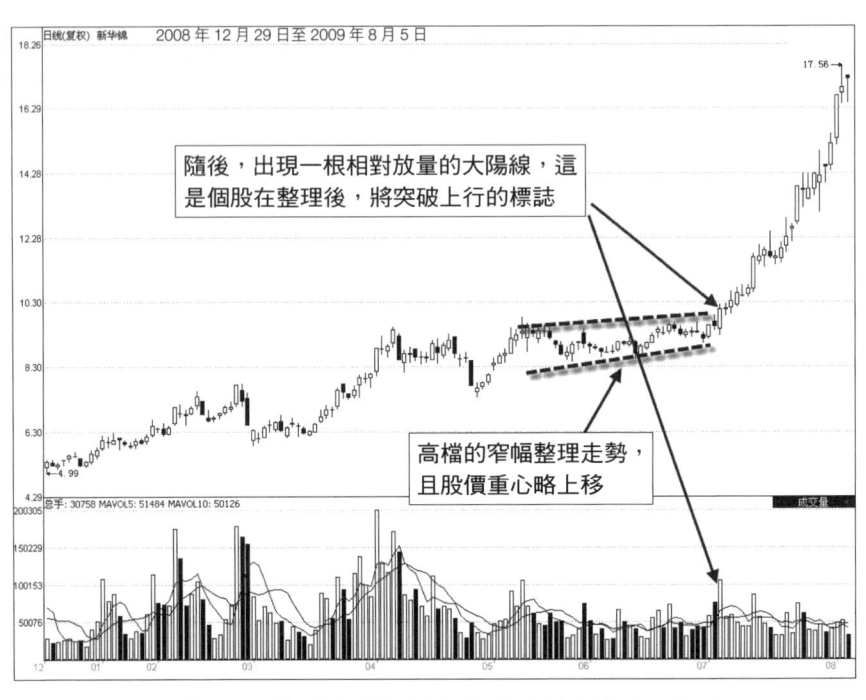

▲ 圖 5.7　新華錦：高檔窄幅震盪後的放量大陽線型態

5.5 高檔兩陽夾一陰多方進攻型態，大戶做多意願強

【型態描述】

個股在一波上漲走勢初期，或是在突破盤整後的初期，此時的個股處於階段性的高點，並且出現「陽線－陰線－陽線」的兩陽夾一陰的組合型態。一般來說，兩根陽線當日會出現相對放量，而陰線當日則會出現相對的縮量。

這種型態是多方發動攻勢的訊號，也是大戶短期內做多意願較強的表現。實盤操作中，可以積極追漲買股，實施「高進」操作。

【個股分析】

圖5.8為金鉬股份的走勢圖。此股在突破盤整區後的階段性高點，出現兩陽夾一陰的多方進攻型態。在前後兩根大陽線當日，可以看到個股的量能相對放大，這是買盤充足且積極推升股價的表現。在中間的陰線當日成交量則相對萎縮，這是獲利賣壓相對較輕的表現，也是大戶控盤力度相對較強的訊號，可以積極操作短線買股。

圖5.9同樣為金鉬股份的走勢圖。此股在低位區開始一波上漲走勢，上漲走勢初期出現一個型態鮮明的兩陽夾一陰型態。這是大戶開始反擊的訊號，此時可以積極買股做多。

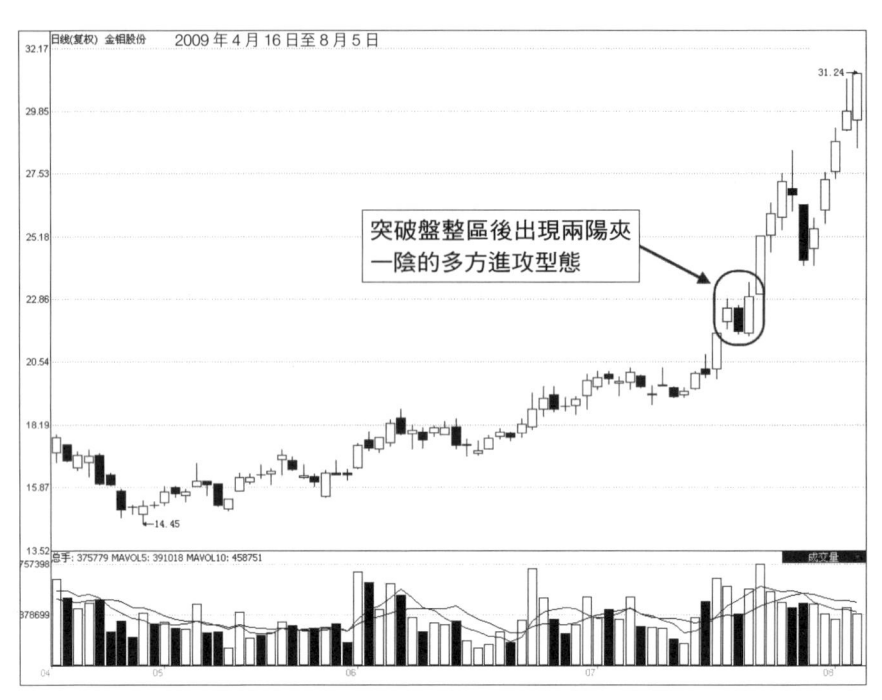

▲ 圖 5.8　金鉬股份：突破盤整區後的兩陽夾一陰多方進攻型態

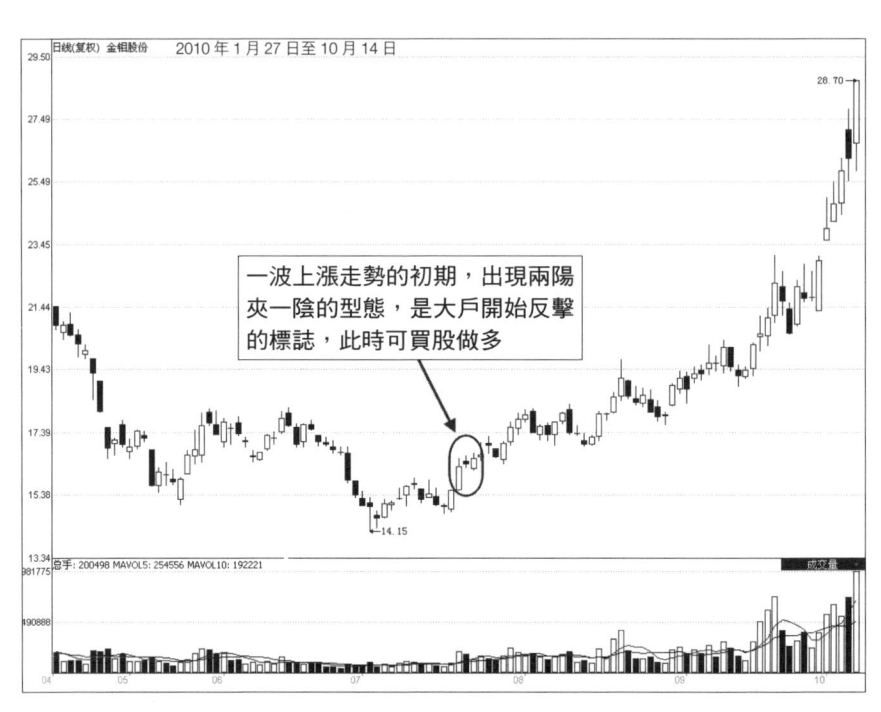

▲ 圖 5.9　金鉬股份：一波上漲走勢初期的兩陽夾一陰多方進攻型態

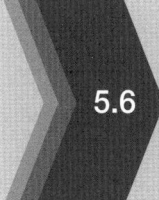

5.6 低檔兩陰夾一陽空方進攻型態，應減倉或清倉

【型態描述】

個股在跌破盤整後的初期或一波快速下跌途中，處於階段性的低點，且出現「陰線—陽線—陰線」的兩陰夾一陽的組合型態。一般來說，兩根陰線的實體相對較長，這是空方賣壓沉重的標誌，而陽線當日的實體則相對較短，這說明多方無力反擊。

這種型態說明空方依舊完全佔據著主導地位，是個股短期內仍舊會繼續下跌的訊號。此時不宜進行短線抄底操作，若手中持個股，應減倉或清倉。

【個股分析】

圖5.10為安泰集團的走勢圖，此期間處於震盪下跌走勢。可以看到震盪下跌過程中，出現這種兩陰夾一陽的空方攻擊型態。這說明空方依舊牢牢地佔據主導地位，此時不是抄底買股的時機。

圖5.11為上海機電的走勢圖，此股在下跌途中盤整後，出現兩陰夾一陽的空方攻擊型態。這是空方力量再度佔據明顯主導地位的表現，也預示破位下行走勢將再度展開，此時應賣股離場。

▲ 圖 5.10　安泰集團：震盪下跌走勢中兩陰夾一陽空方進攻型態

▲ 圖 5.11　上海機電：跌途盤整後的兩陰夾一陽空方進攻型態

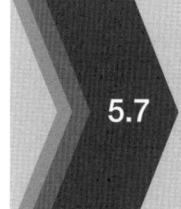

5.7 高檔紅三兵型態，是多方漸強的訊號

【型態描述】

個股在上升途中出現橫盤震盪走勢，此時個股的前期累計漲幅不大。隨後，在盤整突破區或盤整震盪中的相對高點，出現連續三日的中小陽線型態，個股有突破盤整走勢、向上運行的跡象。

在這種型態中，往往還會伴以成交量溫和放大，說明多方力量正在逐步加強。當然，也是個股隨後極有可能突破上行的標誌。此時雖然處於階段性的高點，但從中長線的角度來看，此區域仍是一個相對低位區，多方做多的可能性大大提升，此時可以買股佈局。

【個股分析】

圖5.12為中海油服的走勢圖。此股在低位區的橫盤走勢後，出現連續三根溫和放量的中小陽線型態。這是大戶有意拉升個股的訊號，此時可以積極地買股佈局。

圖5.13為S儀化的走勢圖。此股在上升途中累計漲幅較小的低檔區域，出現較長時間的盤整走勢，隨後呈現出溫和放量上揚的紅三兵型態。這是多方力量蓄勢待發的表現，也是個股將突破上行的訊號，此時可以買股佈局，進行短線操作。

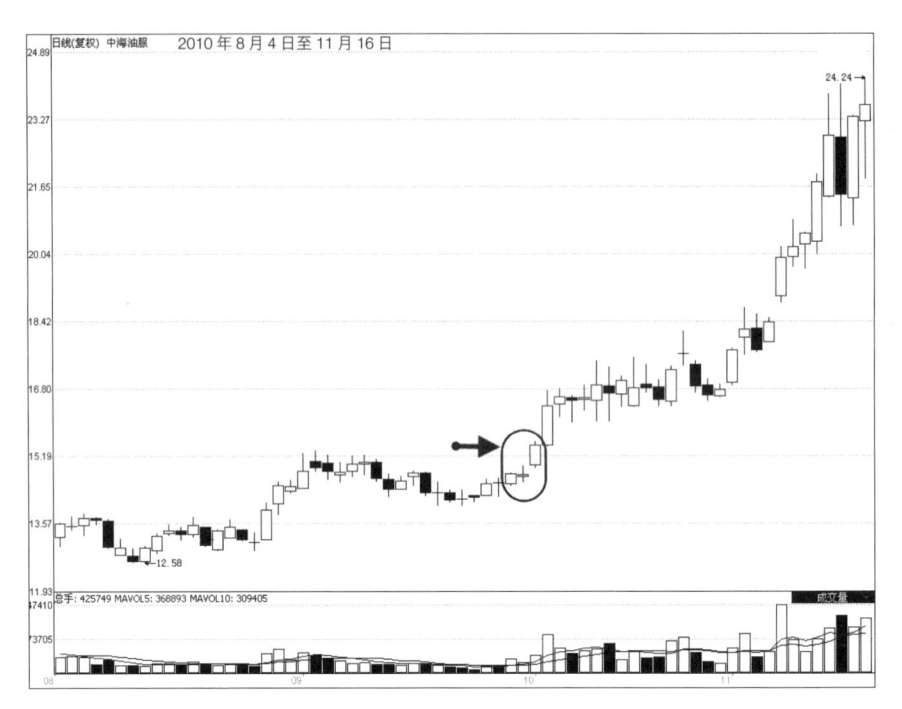

▲ 圖 5.12　中海油服：高檔紅三兵型態

▲ 圖 5.13　S 儀化：高檔紅三兵型態

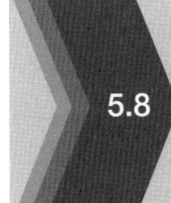

5.8 低檔黑三鴉型態，應盡早賣股離場

【型態描述】

個股在持續上漲後的高位區，出現盤整震盪走勢；或是在下跌途中，出現盤整震盪走勢。隨著震盪走勢的持續，股價重心開始下移。當個股達到盤整區的箱體下沿位置處時，出現連續三根中小陰線的型態。

此外，在下跌途中一波反彈後的再度下跌時，若出現這種連續三根中小陰線的型態，也屬於低檔黑三鴉型態。

這種型態是個股下跌途中盤整走勢結束，或是反彈走勢結束的訊號，也是市場中的空方力量依舊佔據主導地位的表現，預示著新一輪的破位下跌行情即將展開。

此時的個股雖然處於階段性的低點，但若從中長線的角度來看，這種階段性的低點也許仍是很高的位置區。此時不宜戀戰，應儘早賣股離場。

【個股分析】

圖5.14為龍建股份的走勢圖，此股在下跌途中出現一波反彈走勢。隨後，在反彈走勢結束後的階段性低檔區（如圖中箭頭標注所示），出現連續三根中小陰線的黑三鴉型態。這是空方力量牢牢佔據主導地位的表現，此時應及時賣股離場。

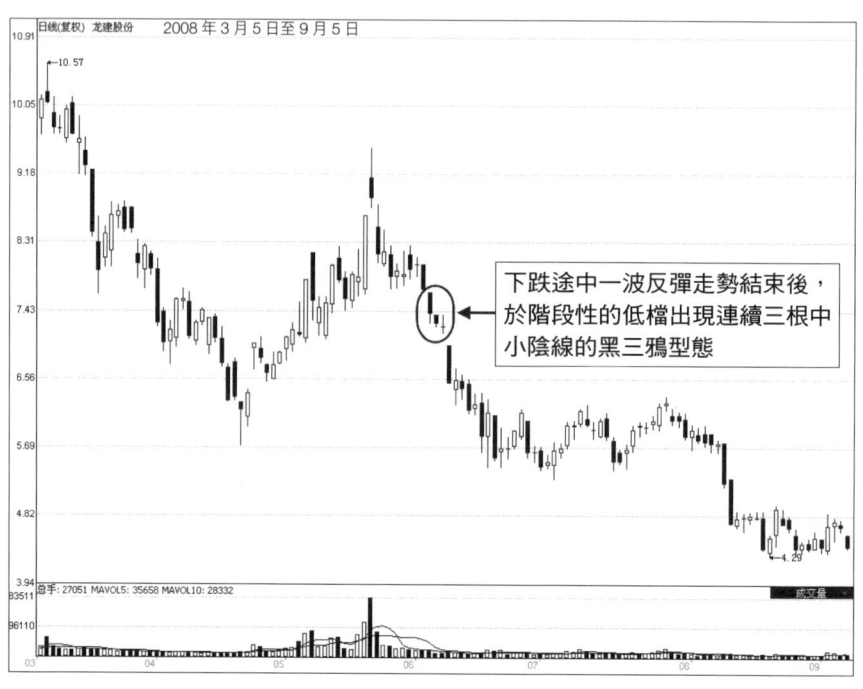

▲ 圖5.14　龍建股份：下跌途中反彈走勢結束後的低檔黑三鴉型態

圖5.15為ST安彩的走勢圖。此股在高位區出現震盪走勢，且在箱體震盪區的下沿位置處，出現連續三根中小陰線的黑三鴉型態。

這說明經過持續的箱體震盪，空方已積蓄足夠能量，且正處於主導地位。預示個股很可能破位下行，是高位區賣股出場的訊號。

第 5 章　解析 24 種大戶操盤型態，帶你告別韭菜人生！

▲ 圖 5.15　ST 安彩：高位盤整區的低檔黑三鴉型態

5.9 跳空攀升線，大戶有意強勢拉升

【型態描述】

跳空攀升線是一種雙日Ｋ線組合型態，第一根Ｋ線是一個跳空開高走高的大陽線，且多有量能放大支撐；第二根Ｋ線沿襲了強勢上漲的勢頭，仍舊呈現出大陽線型態。一般來說，這種型態多出現在盤整突破區，或是一波上漲走勢的初期，是大戶短期內有意強勢拉升個股的訊號。

在運用這種型態時，第二根陽線是判斷的重要依據，因為很多大戶往往慣於使用誘多的操盤手法，僅從第一根跳空開高的大陽線，往往難以準確地判斷大戶是否有強烈的拉升意願。

而第二根開平走高或開高走高的大陽線，就是大戶短期內強勢拉升個股的可靠訊號。當然，這也是空方賣壓無力阻擋多方強攻的顯著標誌。

【個股分析】

圖5.16為泰豪科技的走勢圖。此股在突破相對低位的盤整區時，以跳空向上的大陽線為標誌。

次日開平走高，很好地保住上一交易日強勢突破的成果，這種

第 5 章　解析 24 種大戶操盤型態，帶你告別韭菜人生！

型態就是本節中所講解的跳空攀升線。它是大戶開始強勢拉升個股的訊號，此時雖然個股在階段性的高點，但從中長線的角度來看，仍處於相對低位區，後期有充分的上漲空間，可以追漲買股。

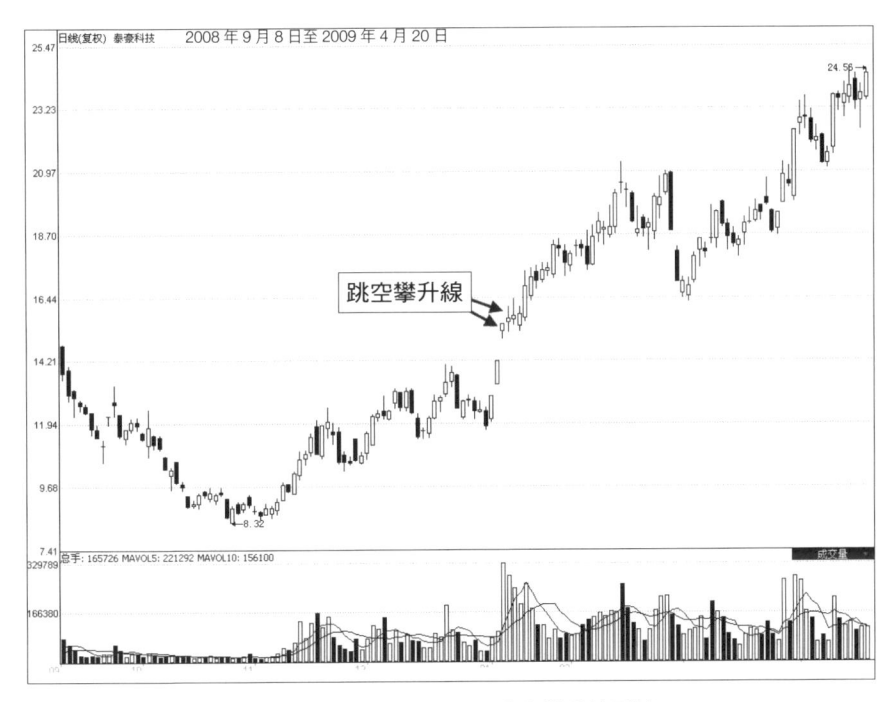

▲ 圖 5.16　泰豪科技：跳空攀升線型態

圖 5.17 為金證股份的走勢圖。此股在經震盪緩升之後，先是以一個跳空的漲停突破型態，實現個股的加速上漲。

隨後，次日大陽線完美地保住這一突破成果，兩日正好構成跳空攀升線型態。這是大戶開始拉升個股的訊號，此時應積極追漲買股，以分享大戶快速拉升的成果。

一眼看穿大戶的戰術

先是一個跳空的漲停突破，次日大陽線完美保住這一突破成果，兩日正好構成跳空攀升線型態，這是大戶開始拉升個股的訊號

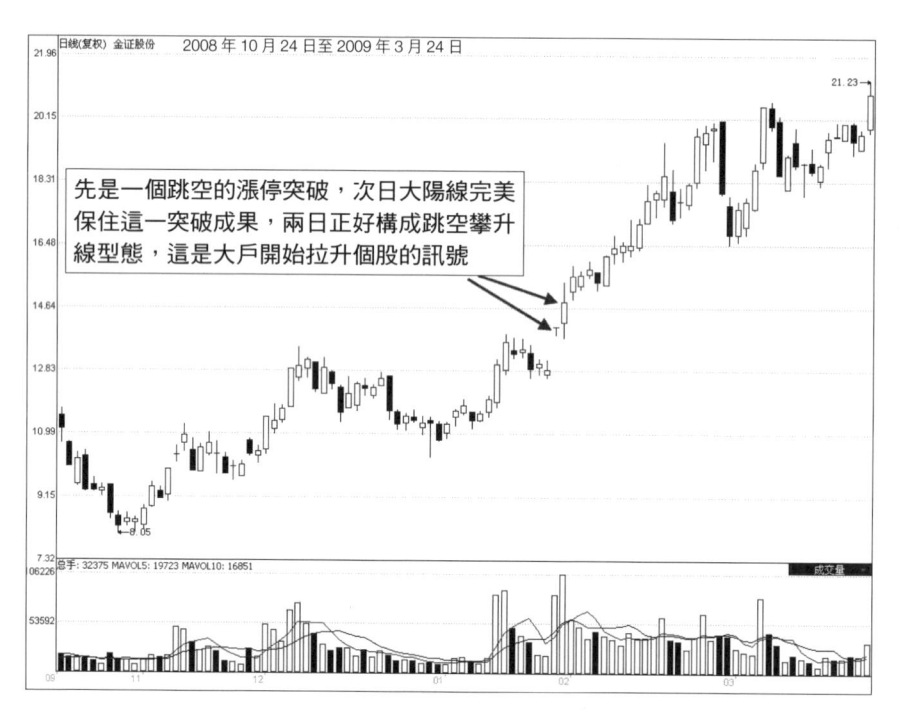

▲ 圖 5.17　金證股份：跳空攀升線型態

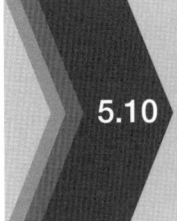

5.10 跳空下滑線，空方佔據主導地位

【型態描述】

　　跳空下滑線也是一種雙日K線組合型態，第一根K線是一個跳空開低走低的大陰線，第二根K線沿襲了個股下跌的勢頭，仍舊呈現出陰線或大陰線型態。

　　跳空下滑線與跳空攀升線型態正好相反。

　　跳空攀升線如前一小節所敘述，出現在階段性的高檔區，是大戶短期內有意強勢拉升個股的訊號。雖然這種型態出現在階段性的高檔，卻是機會的象徵。

　　而跳空下滑線則出現在階段性的低檔區，此時的這種型態往往與大戶的打壓出貨行為相關。因此雖然這種型態出現在階段性低檔，卻是風險的預示。

【個股分析】

　　圖5.18為中電廣通的走勢圖。此股在高位區經歷長時間的橫盤震盪後，於盤整區的相對低點出現向下跳空的大陰線型態，這是空方展開攻擊的訊號。

　　次日小幅開低，再次日於盤中出現大跌，這說明空方的拋售有

▲ 圖5.18　中電廣通：跳空下滑線型態

較強的連續性，且賣壓也十分沉重。表示空方已完全佔據主導地位，是個股將破位下行的標誌。

圖5.19為中恒集團的走勢圖。此股在經高位區的震盪後，先是一根跳空的向下的大陰線，有向下脫離此盤整區的傾向。隨後次日大陰線，說明空方連續拋售力度較大。

考慮到個股前期累計漲幅巨大，因而這是市場賣壓極強的標誌，預示著短期內仍將在空方的大力拋售下而快速下跌，此時也是短線賣股的時機。

第 5 章　解析 24 種大戶操盤型態，帶你告別韭菜人生！

▲ 圖 5.19　中恒集團：跳空下滑線型態

5.11 高檔穿越均線上揚的突破大陽線，是大戶做多訊號

【型態描述】

高檔穿越均線上揚的突破大陽線，也可以稱為「出水芙蓉」，是將單日大陽線與均線組合運用的型態。指一根大陽線向上交叉穿越兩根均線，均線應為5日均線（MA5）、10日均線（MA10）。

一般來說，這種型態常見於個股盤整後的突破上揚時，或是一波上漲走勢的初期等階段性的高點。雖然處於階段性的高點，但個股的升勢卻剛剛展開，可看作是大戶強勢做多的訊號。

【個股分析】

圖5.20為榮華實業的走勢圖。此股在經歷長期的盤整震盪後開始突破上行，且在這一波快速上漲走勢的初期，出現單日大陽線上穿MA5、MA10兩根均線的型態。這是大戶短期內強勢拉升個股的訊號，此時可以積極地追漲買股。

圖5.21為大廈股份的走勢圖。此股在上升途中出現一波深幅調整走勢，隨後反彈上漲。在上漲走勢的初步形成階段，出現一個單根大陽線向上交叉，並穿越MA5、MA10兩根均線的突破大陽線型態。這是多方力量佔據明顯主導地位的表現，也是追漲買股的訊號。

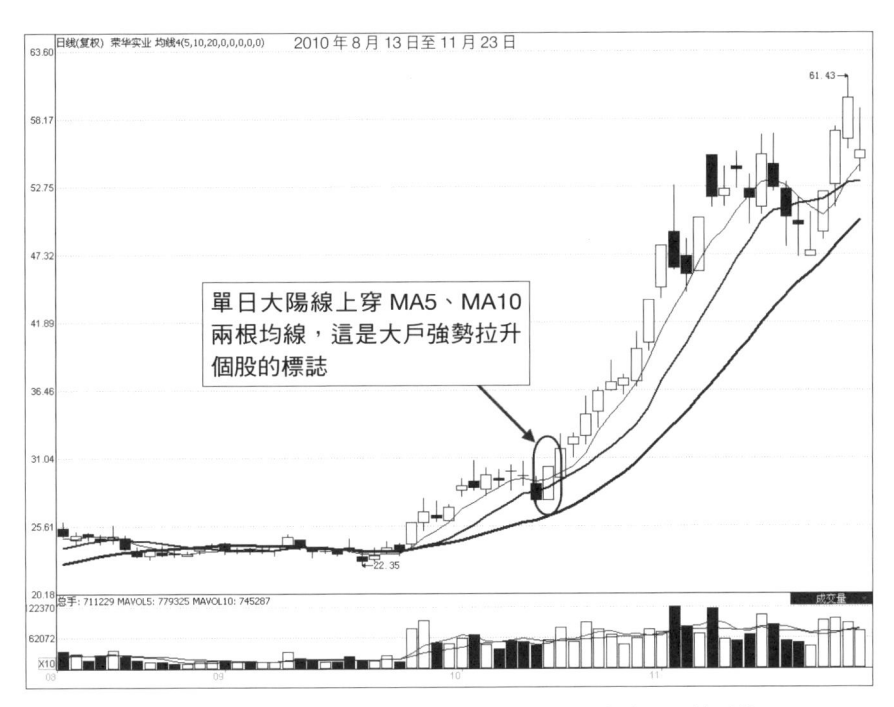

▲ 圖 5.20　榮華實業：高檔穿越均線上揚的突破大陽線型態

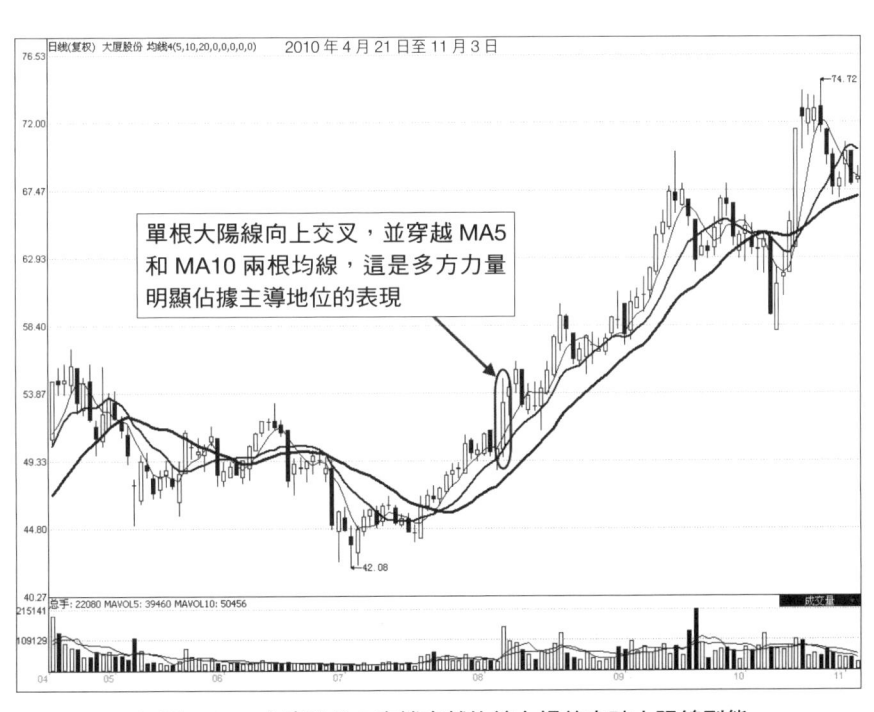

▲ 圖 5.21　大廈股份：高檔穿越均線上揚的突破大陽線型態

153

5.12 低檔穿越均線下降的破位大陰線，應賣股離場

【型態描述】

低檔穿越均線下降的破位大陰線，也可以稱為「斷頭鍘刀」。它是將單日大陰線與均線組合運用的型態，指一根大陰線向下交叉穿越兩根均線，其週期應為5日均線（MA5）、10日均線（MA10）。

這種型態多見於個股盤整後的破位下行走勢中，或是下跌走勢初期等階段性的低點，雖然處於階段性低點，但跌勢卻剛剛展開。

因而可以看作空方賣壓異常沉重的訊號，此時不可因個股處於階段性低點而貪圖便宜買股，反而應及時賣股，以規避下跌風險。

【個股分析】

圖5.22為中新藥業的走勢圖。此股在高位區連續出現大陰線型態，在一波下跌走勢初期，出現單日大陰線向下交叉並穿越MA5、MA10的型態。這是大戶短期內有意強勢打壓個股的訊號，預示著個股短期內將有一波快速下跌走勢出現，此時應及時賣股離場。

圖5.23為廣州藥業的走勢圖，此股在下跌走勢中出現橫盤整理走勢。隨後，在橫盤整理區的相對低檔位置處，出現一個單根大陰線向下交叉，並穿越MA5、MA10兩根均線的大陰線破位型態。這是空方力量佔據明顯主導地位的表現，應儘快賣股離場的訊號。

▲ 圖 5.22　中新藥業：低檔穿越均線下降的破位大陰線型態

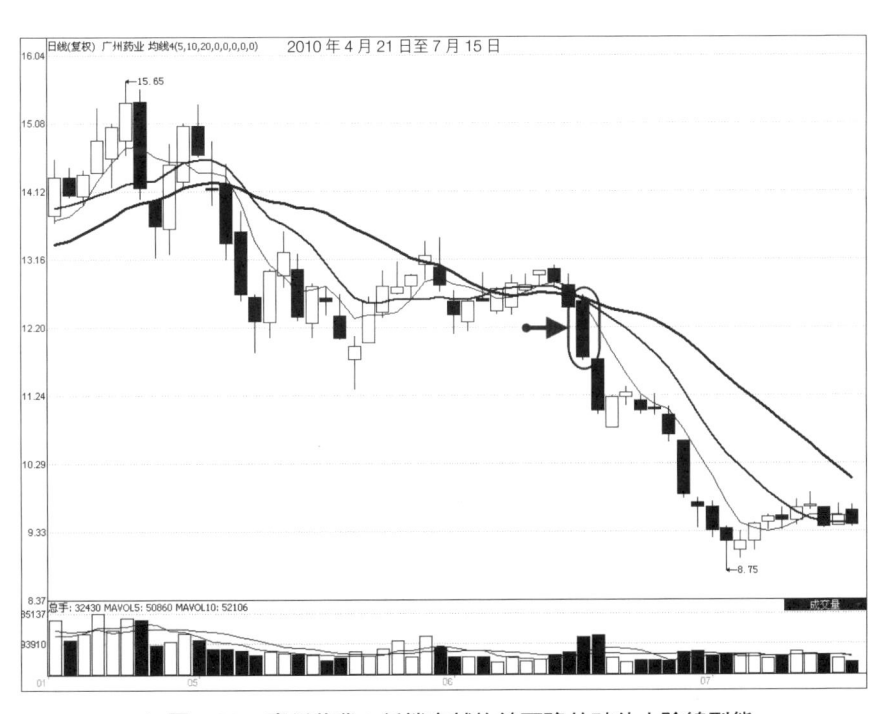

▲ 圖 5.23　廣州藥業：低檔穿越均線下降的破位大陰線型態

5.13 下跌中緩跌後的單日破位大陰線，是下跌訊號

【型態描述】

　　個股在下跌途中，出現較長時間的窄幅震盪整理走勢，且整理過程中的股價重心開始緩步下移。隨後，一根實體極長的大陰線，打破緩步下跌的走勢，呈現加速的破位下行型態。

　　這種型態是空方力量完全佔據主導地位，且正欲發起攻擊的訊號。破位大陰線出現之前的緩步下跌走勢型態，是空方力量持續佔有一定優勢的表現，也是空方力量再度匯聚的過程。而破位大陰線的出現，則是空方開始發起攻擊的訊號。此時應盡快賣股離場，以規避個股短期快速下跌所帶來的高風險。

【個股分析】

　　圖5.24為海油工程的走勢圖。此股在下跌途中出現窄幅震盪，但股價重心卻是緩緩下降的緩跌型態。

　　隨後，一根向下的大陰線使個股呈破位狀。這是空方賣壓再經匯聚後開始釋放的標誌，也是個股將破位下行的訊號，此時應及時賣股離場。

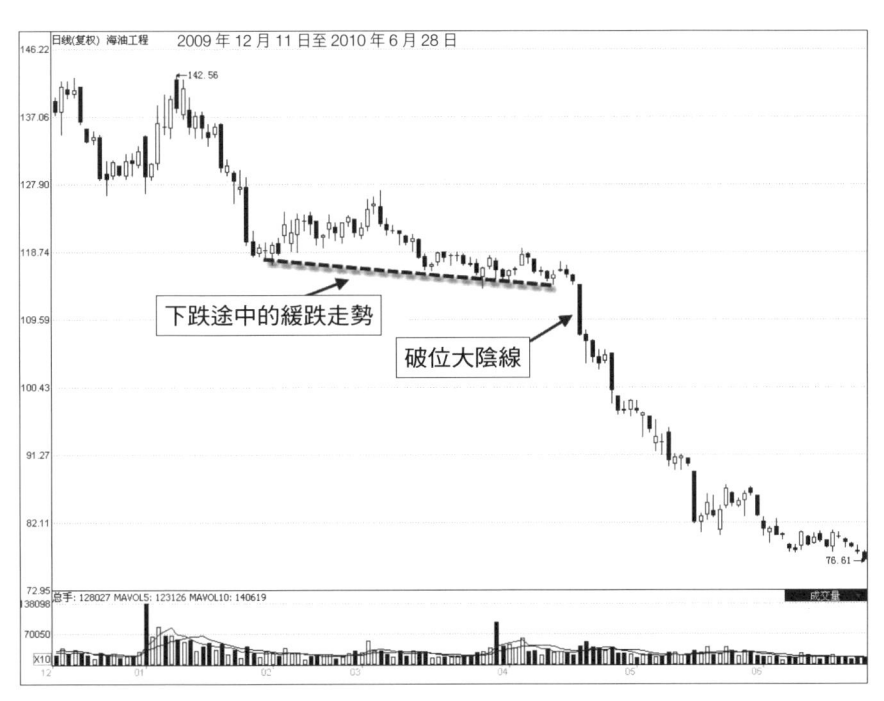

▲ 圖 5.24 海油工程：下跌途中緩跌後的單日破位大陰線型態

5.14 低檔開低走低的破位大陰線，下跌行情將展開

【型態描述】

　　個股在下跌途中的盤整區，或在一波快速走勢的初期，先是出現一根陽線，個股似乎有反彈上行的傾向。但次日卻開低走低，且收盤價明顯低於上一交易日的最低價，使次日這根大陰線形成「下破」態勢。

　　這種型態是多方閃擊失敗的訊號，當然，前一交易日的大陽線也有可能是大戶誘多的表現，次日開低走低的破位大陰線，則是空方賣壓急速轉強的訊號。

　　結合個股之前的震盪下跌走勢，可以判斷此時的市場依然處於空方佔據明顯主導地位的階段。因而應及時地賣股離場觀望，以規避個股短期的快速下跌。

【個股分析】

　　圖 5.25 為韶鋼松山的走勢圖。此股在下跌途中出現較長時間的橫盤整理走勢，隨後，一根大陽線使個股似乎有突破上行的傾向。

　　但是次日卻開低走低，且收盤價明顯低於上一交易日的最低價，個股走勢呈向下破位狀，這是空方賣盤突然大量湧出的訊號。考

慮整體走勢處於下跌途中，這是向下趨勢依舊要延續下去的標誌，此時應賣股離場，以規避新一輪下跌行情的展開。

▲ 圖 5.25　韶鋼松山：低檔開低走低的破位大陰線型態

5.15 高檔的上升 N 字形：大戶強勢拉升的訊號

【型態描述】

　　個股在一波上漲走勢的初期或是突破橫盤區時，先是以一根大陽線型態出現，個股上漲勢頭加快。隨後，在這根大陽線的收盤價附近以小陽線、小陰線強勢整理數日，而後再度出現一根向上加速的大陽線。

　　這種型態是多方完全佔據主導地位，往往也是大戶控盤能力極強，且短期內有意強勢拉升個股的訊號。此時應及時追漲買股，參與短線交易。

【個股分析】

　　圖 5.26 為聯化科技的走勢圖。此股在突破盤整區上行時，出現一個上升 N 字形型態。這是多方發力的訊號，預示著一輪漲勢的展開，此時可以積極追漲買股。

　　圖 5.27 為海陸重的走勢圖。此股在震盪上揚的過程中，多次出現這種階段性高檔的上升 N 字型態。這是多方力量已完全佔據主導地位的表現，也是可以積極追漲買股進行短線操作的訊號。

突破盤整區上行時，出現一個上升 N 字形型態，這是多方發力的訊號，預示一輪漲勢的展開

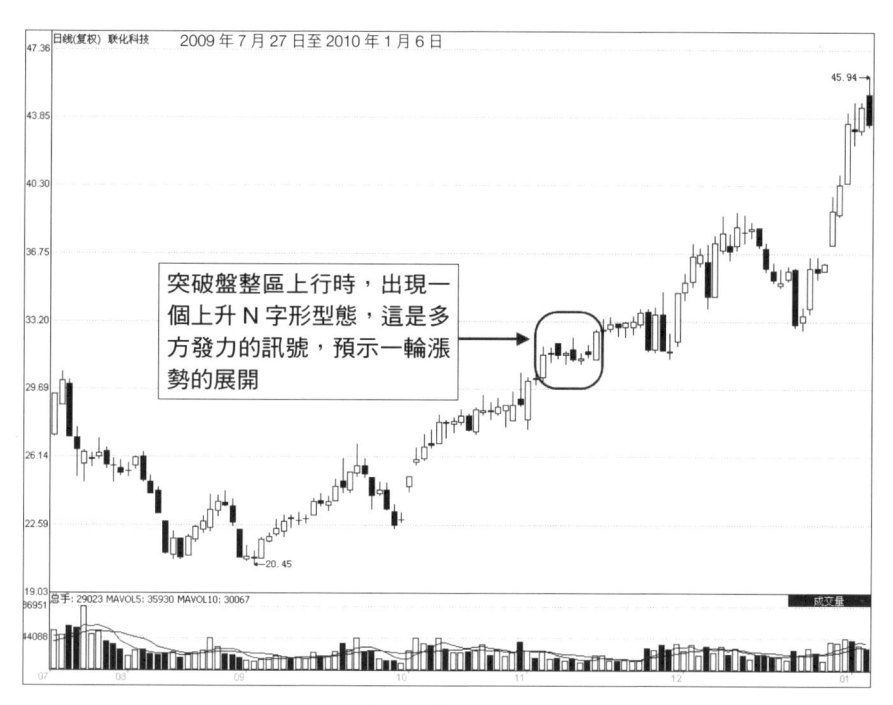

▲ 圖 5.26　聯化科技：上升 N 字形型態

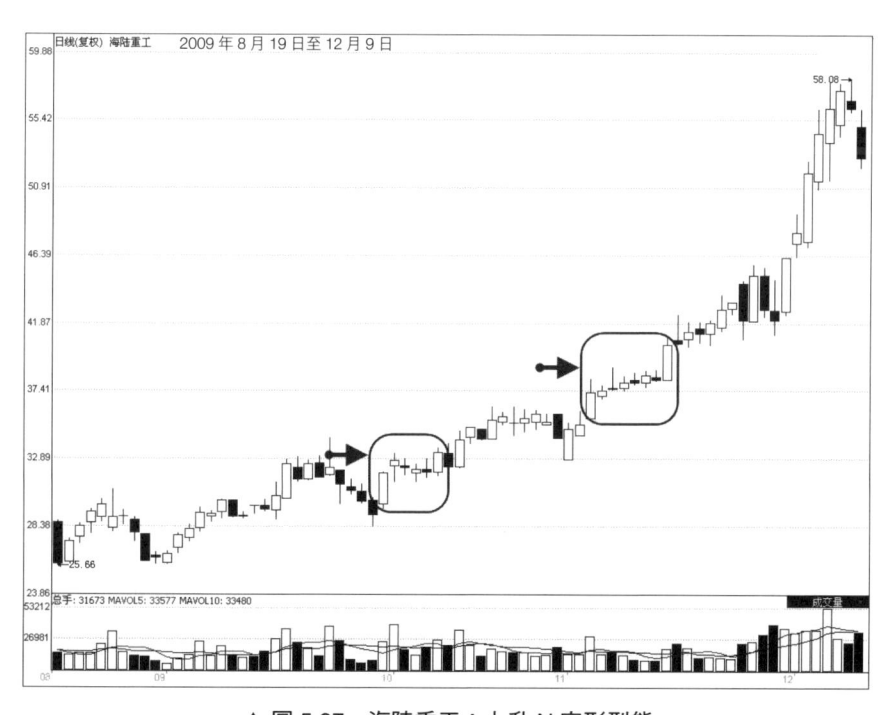

▲ 圖 5.27　海陸重工：上升 N 字形型態

5.16 低檔的下降 N 字形：大戶打壓出貨的訊號

【型態描述】

　　個股在一波下跌走勢的初期，或是在下跌途中，先是以一根大陰線型態出現，個股下跌勢頭加快。隨後，個股在這根大陰線的收盤價附近區以小陽線、小陰線整理數日，而後再度出現一根向下加速的大陰線。

　　這種型態表示空方完全佔據主導地位，也往往是大戶有打壓出貨行為的表現。是個股中短期內仍將持續下跌的訊號，此時應及時賣股離場。

【個股分析】

　　圖 5.28 為南山鋁業的走勢圖。此股在向下跌破盤整區下行時，出現一個下降 N 字形型態。這是空方發力的訊號，預示著一輪跌勢的展開，此時應及時賣股離場。

　　下降 N 字形往往出現在階段性的低檔區，這使很多投資者有短線抄底的衝動。殊不知這是一種不顧市場真實走勢，特別是趨勢持續狀況而主觀臆斷的操作方式。不僅不會讓我們獲利，反而使我們與趨勢為敵、與真實的市場狀態相悖。

第 5 章　解析 24 種大戶操盤型態，帶你告別韭菜人生！

▲ 圖 5.28　南山鋁業：下降 N 字形型態

圖 5.29 為華魯恒升的走勢圖。此股在持續下跌的過程中，出現一個典型的下降 N 字形。此時的個股處於明顯的階段性低點，但這不是抄底買股的理由。

因為短線抄底買股是在多方力量轉強、空方力量轉弱時才可以出手。而這種下跌途中的下降 N 字形，則是當前空方依舊牢牢佔據主導地位的表現。

163

一眼看穿大戶的戰術

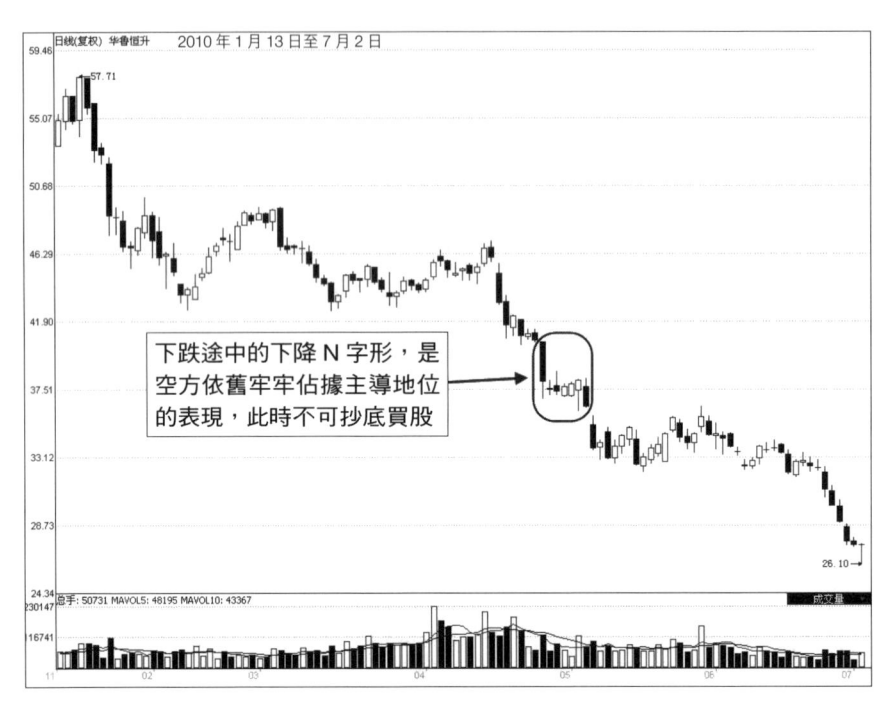

▲ 圖5.29　華魯恒升：下降 N 字形型態

5.17 上升途中並陽線：漲勢仍將持續

【型態描述】

個股在上升途中的階段性高點，如盤整區突破位置處、一波上漲走勢的初期，在同一水平位置處連續出現兩根實體相對不長的陽線型態，且這兩日往往會出現相對放量。

上升途中的大陽線，是我們追漲買股的訊號。在這種型態中，第一根陽線可以看作是大戶拉升個股的訊號，也是多方力量占優勢的表現；第二根陽線之所以與第一根陽線橫向並排，往往是因為當日的開低走高。

這說明當日的開低不但沒有引發空方的強力拋售，反而帶動多方更多強力的承接，因而它是一波漲勢繼續進行的訊號。

【個股分析】

圖5.30為 *ST國發的走勢圖。此股在上升途中突破盤整區的位置處，出現一個雙日並排陽線的型態（兩日的陽實體均不長）。由於第二根陽線為小幅開低、隨後走高的陽線，使得它與前一日的陽線，形成橫向並排的型態。

一般來說，兩日的成交量也相對放大，就有充足的買盤來支撐

此股在這一突破盤整後的位置站穩。這說明多方力量較為充足、做多意願較為強烈,是個股一波漲勢將持續下去的訊號。此時應積極地追漲買股,實施「高進」操作。

▲ 圖 5.30　*ST 國發:上升途中並陽線型態

　　圖 5.31 為生益科技的走勢圖。此股在上升途中突破盤整區,出現雙日並排陽線的型態,且這兩日的量能相對放大。這是做多盤充足有力、個股突破上行、走勢真實可靠的訊號,此時可以積極追漲買股,參與短線操作。

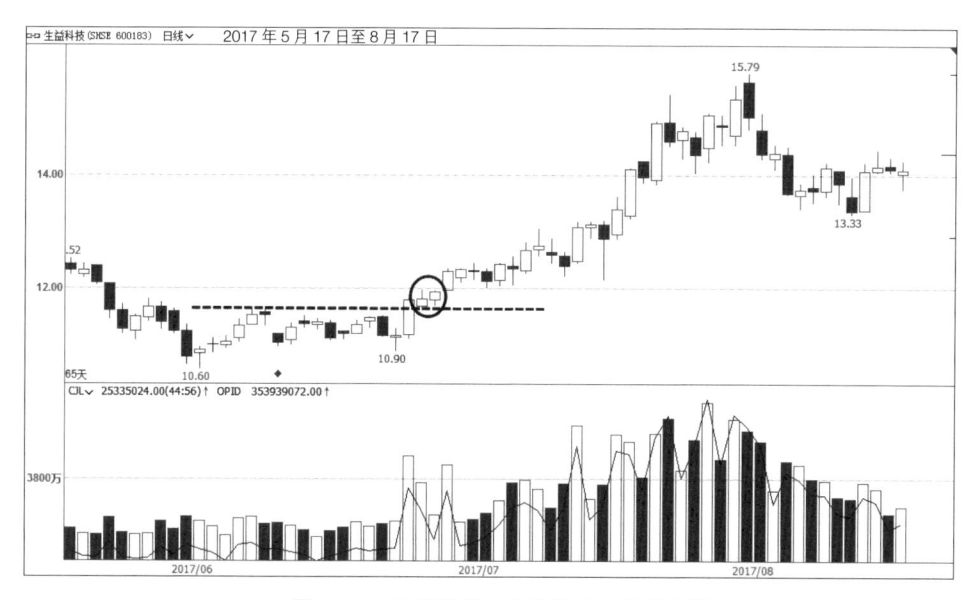

第 5 章　解析 24 種大戶操盤型態，帶你告別韭菜人生！

▲圖 5.31　生益科技：上升途中並陽線型態

5.18 下跌途中並陰線：空方賣壓正在聚集

【型態描述】

　　個股在下跌途中的階段性低點，如盤整區向下破位處，一波下跌走勢的初期，在同一水平位置處連續出現兩根實體相對不長的陰線型態。此型態是空方賣壓正在匯集的訊號，也是個股短期內的跌勢難以止住的標誌，此時應及時賣股離場。

【個股分析】

　　圖5.32為浦東金橋的走勢圖。此股在下跌途中盤整後的向下破位處，出現一個雙日並排陰線的型態。這是買盤短期內無意入場，空方力量則正在匯集的訊號。此時不能抄底買股，反而應及時賣股離場，以規避隨後空方賣壓陸續釋放所造成的個股快速下跌走勢。

　　圖5.33為申能股份的走勢圖。此股在下跌途中，出現型態較為鮮明的雙日並排陰線型態，這說明空方的力量在短期內還未釋放完畢。如果未能在之前的震盪走勢中賣股離場，不宜戀戰，應及時賣股出場，以免被套在高位區。

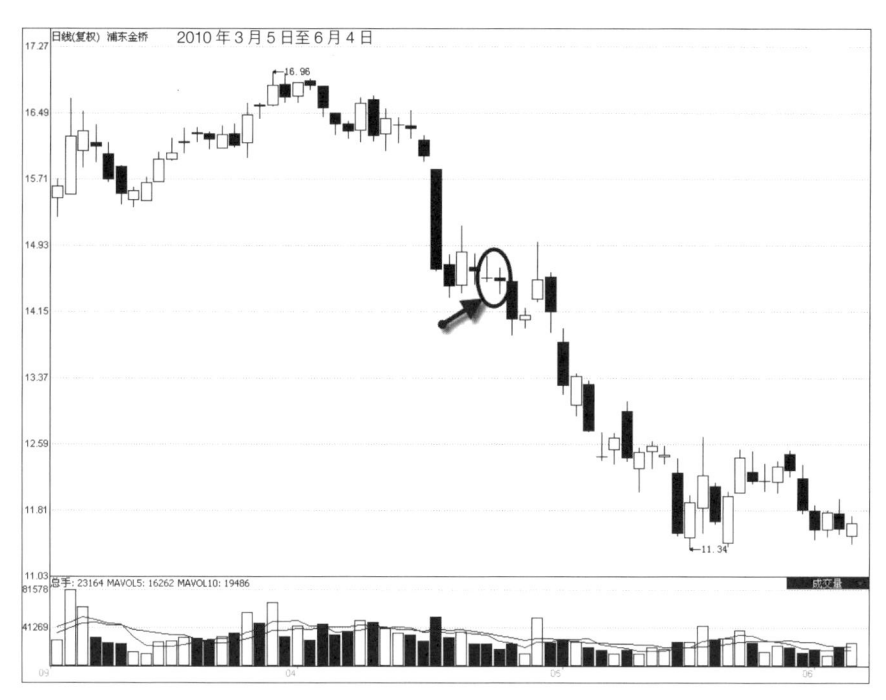

▲ 圖 5.32　浦東金橋：下跌途中並陰線型態

▲ 圖 5.33　申能股份：下跌途中並陰線型態

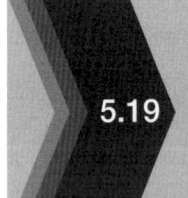

5.19 下跌途中三陰夾兩陽：跌勢仍將持續

【型態描述】

此型態可以看作兩陰夾一陽型態的變形，它出現在下跌途中，是空方完全佔據主導地位，短期跌勢仍將持續下去的訊號。此時不可貪低而買股，畢竟短期內的空方力量，仍在快速釋放當中。

【個股分析】

圖5.34為新黃浦的走勢圖。此股在跌破高位盤整區後，開始步入跌勢，在下跌走勢的初期出現一個三陰夾兩陽的型態。這是空方力量已完全佔據主導地位，多方無力反攻的訊號。

此型態也預示著短期的下跌走勢還未結束，此時非但不宜買股，反而應及時賣股離場。

圖5.35為城投控股的走勢圖。此股在一波下跌走勢的初期，以這種三陰夾兩陽的型態呈現，說明空方在最初已完全佔據主導地位，此時應儘快賣股離場。

▲ 圖 5.34　新黃浦：下跌途中三陰夾兩陽型態

▲ 圖 5.35　城投控股：下跌途中三陰夾兩陽型態

171

5.20 上升途中三陽夾兩陰：不可太早賣股離場

【型態描述】

可以看作是兩陽夾一陰型態的變形，它出現在上升途中，是多方完全佔據主導地位、短期內漲勢仍將持續的訊號。此時不可過早賣股離場，應力求在漲勢中將所獲利潤最大化。

【個股分析】

圖5.36為*ST光華的走勢圖。此股在相對低位區開始一波上漲行情，在這一輪上漲初期初露端倪時可以看到，出現一個型態鮮明的三陽夾兩陰型態。

這是多力量已完全佔據主導地位，空方無力反攻的訊號。該型態也預示短期的上漲走勢還未結束，此時非但不宜過早賣股離場，還應耐心持股觀望。對於手中未持股的投資者來說，甚至還可以適當操作短線追漲。

圖5.37為飛樂音響的走勢圖。該股在一波上漲走勢中，出現這種三陽夾兩陰的型態，說明多方佔有完全主導地位，是短期內一波上漲行情仍將持續下去的訊號，此時可做短線追漲、買股操作。

▲ 圖 5.36　*ST 光華：上升途中三陽夾兩陰型態

▲ 圖 5.37　飛樂音響：上升途中三陽夾兩陰型態

5.21 上升三步走：應繼續持股或追漲

【型態描述】

　　上升途中的大陽、小陽、大陽三步走型態，也稱為「上升三步走」型態。它是指個股在前期處於較為穩健的上升走勢中，在此良好的背景下，個股在隨後的一波上漲走勢中，依次出現「大陽線－小陽線－大陽線」的型態。

　　這種型態是多方力量開始加速釋放、個股漲勢陡然加速的訊號，也是大戶開始大力拉升個股的訊號。此時應續續持股，而場外投資者可以適當追漲買股，以分享大戶繼續拉升的成果。

【個股分析】

　　圖5.38為方興科技的走勢圖。此股在穩步上升走勢中，出現加速啟動的型態，並以依次出現的「大陽線－小陽線－大陽線」為典型標誌。它是多方完全佔據主導地位、大戶開始強力拉升個股的訊號，此時可以短線做多。

　　圖5.39為江西長運的走勢圖，此股在上升途中的穩健攀升過程中，依次出現「大陽線－小陽線－大陽線」的上升三步走型態。它是大戶開始加速拉升個股的訊號，也是應短線做多的訊號。

▲ 圖 5.38　方興科技：上升三步走型態

▲ 圖 5.39　江西長運：上升三步走型態

5.22 下跌三步走：大戶正打壓出貨

【型態描述】

下跌途中的大陰、小陰、大陰三步走型態，也稱為「下降三步走」型態，它是指個股在前期處於或急或緩的下跌走勢中，下跌趨勢已較為明朗。在此背景下，個股在隨後的一波下跌走勢中，依次出現「大陰線—小陰線—大陰線」的型態。

這種型態是空方力量開始加速釋放、個股跌勢陡然加速的訊號。如果個股在前期經歷較長時間的高位盤整震盪走勢，則此時的加速下跌，往往是大戶正大力拋售手中餘籌、進行打壓出貨的標誌。如果個股已處於明顯的下跌途中，則這種加速下跌走勢，是空方完全佔據主動、個股跌勢短期內難以止住的訊號，此時不可抄底入場。

對於手中仍持有個股的投資者來說，宜及時賣股離場，以規避隨後繼續快速下跌所帶來的高風險。

【個股分析】

圖5.40為*ST滬科的走勢圖。此股在經歷高位區的長時間橫盤滯漲走勢之後，於震盪區的箱體下沿位置處，出現這種下降三步走的型態。這是大戶在盤整區出貨較為充分、開始利用手中餘籌進行打壓

出貨的標誌，也預示著個股將破位下行。此時應及時賣股離場，以規避隨後快速下跌的高位被套風險。

▲ 圖 5.40　*ST 滬科：下降三步走型態

　　圖 5.41 為 *ST 中華的走勢圖。此股在下跌途中經一波反彈走勢後，開始出現震盪滯漲走勢。隨後，在震盪滯漲區的相對低點，依次出現下降三步走型態。這是個股反彈走勢已然結束、新一輪下跌行情呼之欲出的表現，此時應及時賣股離場。

　　圖 5.42 為豐華股份的走勢圖。此股在震盪下跌走勢中，於盤整破位區依次出現下降三步走型態。它是大戶開始加速出貨的訊號，也是個股下跌走勢將加速的訊號，此時應及時賣股離場。

177

▲ 圖 5.41　*ST 中華 A：下降三步走型態

▲ 圖 5.42　豐華股份：下降三步走型態

5.23 上升三法：可積極追漲做多

【型態描述】

個股在上升途中，先是一根大陽線推升股價，但由於個股處於創出新高的位置，使其獲利賣壓相對較重。在隨後的幾日內，個股因獲利賣壓，而出現連續三日小幅下跌的小陰線型態。但這三日小陰線，並沒有使個股向下跌破之前大陽線當日的最低價。

這種型態出現在上升途中，說明多方力量依舊佔據主動，當前個股的連續三日小幅下跌走勢，僅僅是少量的獲利賣壓所導致。此時，雖然個股處於創出新高後的高檔區，依然可以追漲買股。

【個股分析】

圖5.43為萬業企業的走勢圖。此股在穩健攀升走勢中，先是大陽線推高個股使其創出新高，隨後連續回檔三根小陰線。但可以看到這三根小陰線出現後，個股未明顯跌破之前大陽線當日的最低價。表示僅是少量獲利賣壓所致，對個股升勢無大礙，此時可積極做多。

如圖5.44為中華企業的走勢圖。此股在震盪上揚上升途中，階段性的高點出現上升三法型態，為多方力量依舊佔據明顯的主導地位、個股上升趨勢仍將持續下去的標誌，此時可積極追漲。

▲ 圖 5.43　萬業企業：上升三法型態

▲ 圖 5.44　中華企業：上升三法型態

5.24 下降三法：應及時賣股離場

【型態描述】

個股在下跌途中，先是一根大陰線打低股價，隨後卻出現連續三根小陽線的型態，但這三根小陽線並沒有使個股向上突破之前大陰線當日的最高價。

這種型態出現在下跌途中，說明空方力量依舊佔據主動，當前個股的連續三日小幅回升走勢，僅僅是空方打壓暫時放緩的標誌。此時，非但不是買股佈局的時機，反而是及時賣股離場的時機。

【個股分析】

圖5.45為新華醫療的走勢圖。此股在震盪下跌途中出現大陰線打低股價，隨後三日小陽線回升，但未收復大陰線。這是空方力量加速釋放的標誌，此時應及時賣股離場，以規避隨後空方力量短期內再度快速釋放，所促成的短線快跌走勢。

圖5.46為新安股份的走勢圖，此股在跌破高位盤整區後的下跌途中，出現此型態。這是空方力量開始佔據明顯主導地位的表現，預示著個股的跌勢將持續。此時，千萬不可因連續三日的小陽線，就誤認為個股短期跌勢已經見底，從而展開短線買股操作。

▲ 圖 5.45　新華醫療：下降三法型態

▲ 圖 5.46　新安股份：下降三法型態

第 **6** 章

實戰拆解！
散戶穩賺不賠的5大技法

6.1 技法1：買進T型漲停板，搭上主力順風車

T型漲停板是散戶在跟莊過程中可以獲利的常見型態，下面就T型漲停板的知識做介紹。

6.1.1　T型漲停板的原理

【跟莊技巧】

指大戶拉升股票，以一個較高的價位或者直接向上跳空到漲停板的價位開盤，但隨即瞬間大幅度砸盤，股價迅速從漲停板的位置向下滑落，形成一根長長的下影線。

等待追漲的散戶承受不住如此巨大的心理壓力紛紛恐慌賣盤，大戶又快速拉升股價，使股價恢復到之前的漲停板位置。因此K線圖形成一個T型的型態，稱為T型漲停板。

【個股分析】

大戶經由當天的反覆震盪，使膽小的交易者出場。在一天內反覆打壓股價，即使意志比較堅定的投資者，也會紛紛賣出手中的股票，因為很難承受如此巨大的心理折磨，僅僅一天，大戶就可以完成

洗盤的目的。當更多跟莊者被大戶清除出去之後，後市必然會進入快速拉高的走勢。因此，此時買T型漲停板的投資者，可以追到後來拉升過程。

如圖6.1所示為萊茵生物分時圖，可以看到T型漲停板的形成過程。股價漲停板開盤，但不久漲停板被打開，股價向下滑落。此後會有一定的投資者出場，股價繼續震盪回檔，最終回到漲停板的位置。

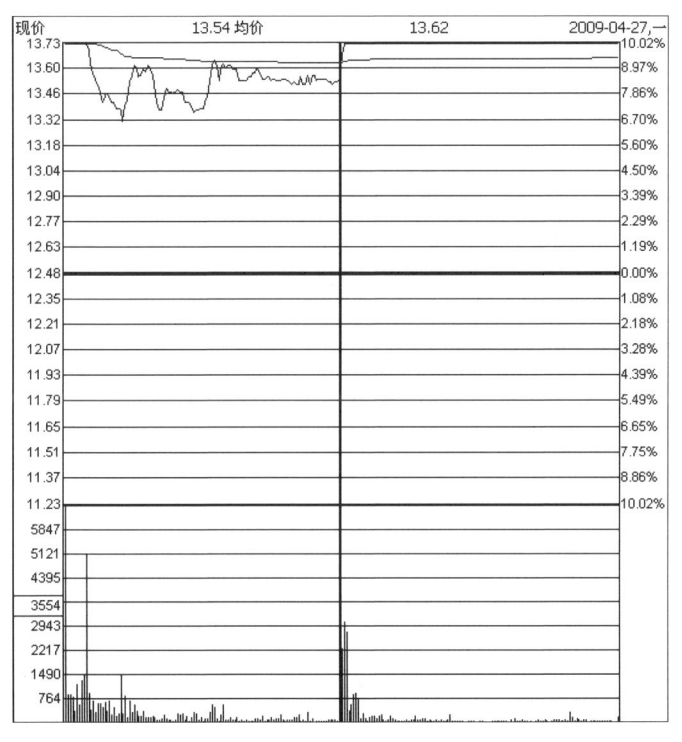

▲ 圖6.1　萊茵生物分時圖

如圖6.2所示為萊茵生物日線圖，箭頭指向的位置就是一個T型漲停板。

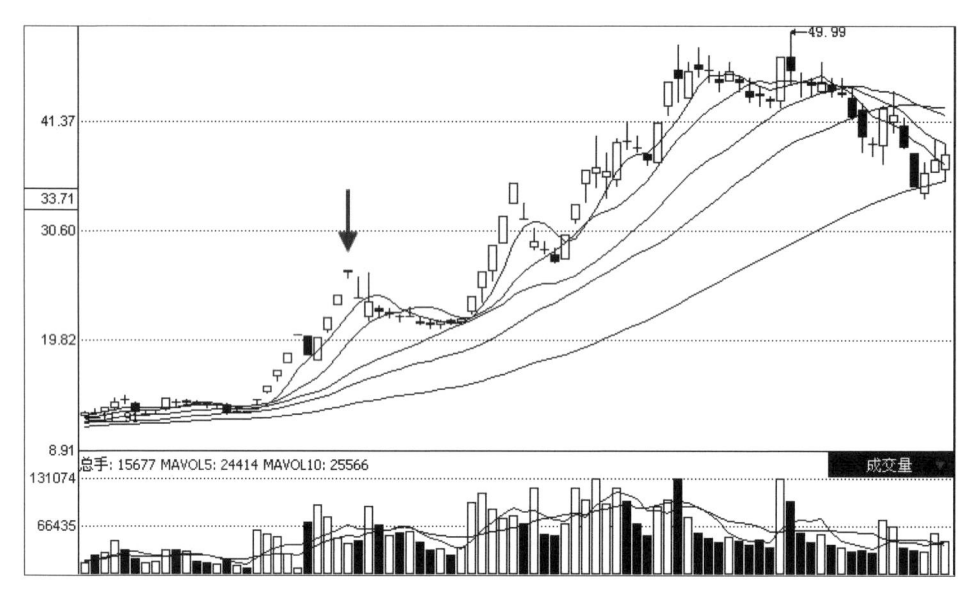

▲ 圖6.2　萊茵生物日線圖

6.1.2　代表大戶即將拉升，可買進

【跟莊技巧】

一般來說，當一檔股票出現T型漲停板，有可能是大戶開始洗盤了，且不久即將進入拉升階段。投資者完全可以在此時買入股票，等待大戶的拉升過程。

【個股分析】

如圖6.3所示為萊茵生物日線圖。第一個T型漲停板出現在行情剛剛啟動之時，散戶買入就等於買在最低點；第二個T型漲停板是散戶加倉購買的時機。儘管此後的幾個交易日出現回檔，但這是大戶的洗盤行為，後市依然有不小漲幅。

如圖6.4所示為啤酒花日線圖。該股出現的T型漲停板發生在一

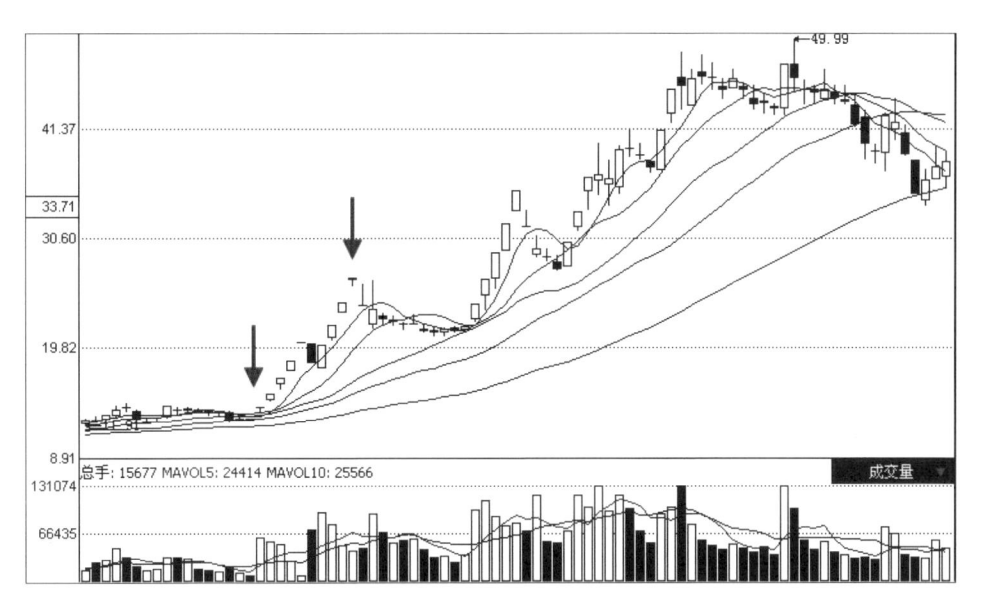

第 6 章　實戰拆解！散戶穩賺不賠的 5 大技法

▲ 圖 6.3　萊茵生物日線圖

▲ 圖 6.4　啤酒花日線圖

187

個一字型漲停板之後，此時散戶可以買入股票，未來的上漲空間剛剛打開。

儘管後幾個交易日出現回檔，但這是大戶洗盤造成的。因為連續幾個漲停板成交量很大，說明有很多的跟莊者入場，大戶要把這些人清除出局。

6.1.3 實戰案例➡在Ｔ型漲停中抓住切入點

【跟莊技巧】

如果出現多個Ｔ型漲停板，最先出現的幾個漲停板是比較安全的，可以買入跟莊；後續出現的漲停板，風險都會比之前的大。

【個股分析】

如圖6.5所示為中國高科日線圖，可以看到三個Ｔ型漲停板，但隨著股價推高，後面出現的Ｔ型漲停板比前面的風險大。如果投資者

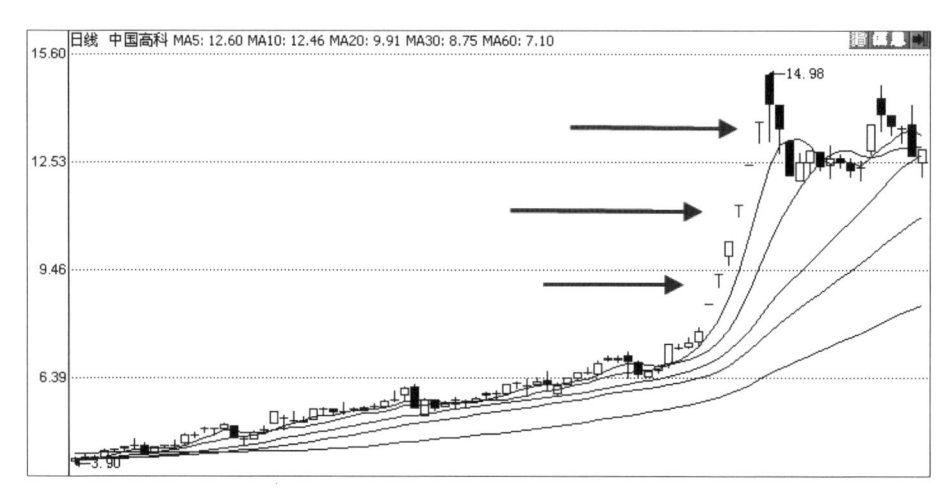

▲ 圖6.5　中國高科日線圖

沒能在之前的幾個漲停板買入,就不要追漲最後幾個漲停板了,因為已經離頂部不遠。

如圖 6.6 所示為啤酒花日線圖。可以看到多個 T 型漲停板,但越晚出現的 T 型漲停板越接近市場頂部,因此追高也越危險。跟莊者買進 T 型漲停板時,應只買最早出現的那幾個,後面出現的 T 型漲停板就不用理睬了。

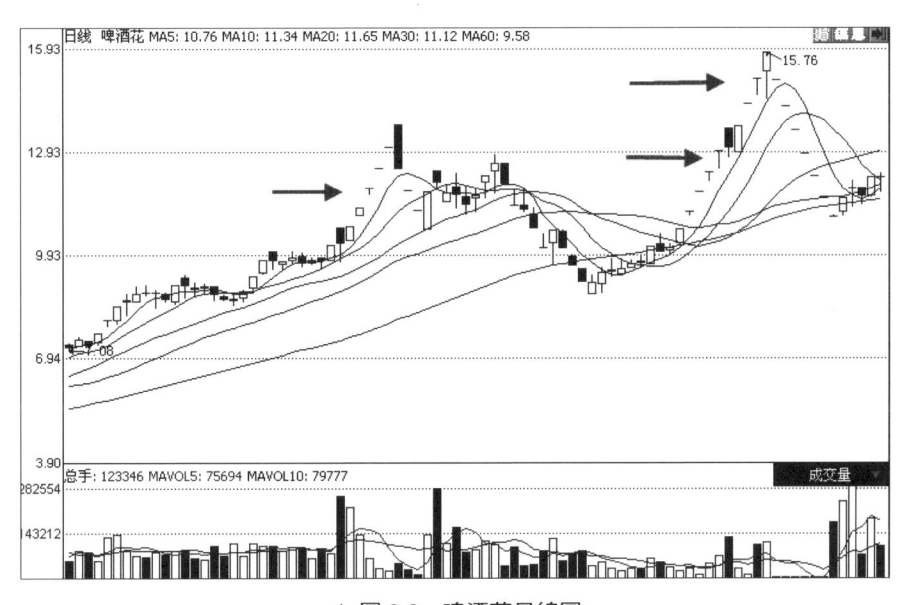

▲ 圖 6.6　啤酒花日線圖

T 型漲停板還會出現一些變體型態,比如 K 線圖有一定的實體,但是實體範圍很小、下影線很長,這也是散戶可以買入的訊號。

一眼看穿大戶的戰術

　　如圖 6.7 所示為匯通能源日線圖。圖中箭頭指向的 K 線是一個 T 型漲停板的變體，該日在開盤時股價沒有開在漲停板。隨後大戶洗盤向下打壓股價，但在收盤時將股價推高到漲停板的位置，因為未來還會繼續上漲，散戶完全可以跟進買入。

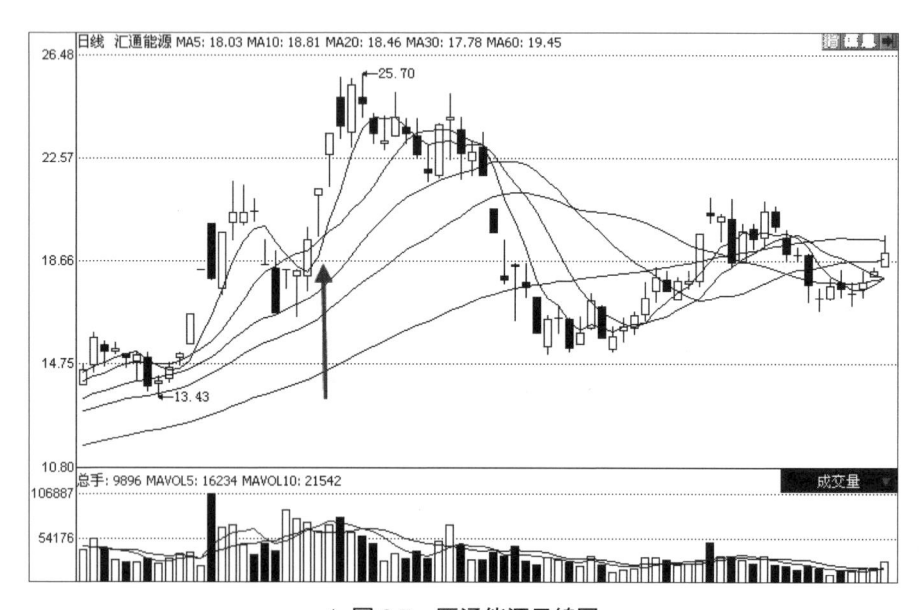

▲ 圖 6.7　匯通能源日線圖

6.2 技法2：長線思維，破解主力騙線術

儘管大戶在坐莊過程中，會經由各種方式洗盤，來清除一些跟莊者。但是如果跟莊者有長線的理念，則大戶各式各樣的欺騙行為都無用武之地。

6.2.1 用長線角度操作，更能安全獲利

在整個坐莊的過程中，大戶與散戶始終處於對立，大戶永遠想盡一切辦法來清除散戶。大戶建倉前，會希望沒有被更多的散戶發現；當大戶準備拉升時，會用各種辦法來欺騙散戶、嚇唬散戶，使更多散戶及早出場。

當大戶將股價拉升到一個高位時準備出貨，這時又希望散戶積極入場，買入他們手中的籌碼。但是如果在整個過程中，散戶抱著做長線的態度，則大戶的任何手段都會大打折扣。

因為只要散戶在大戶建倉前或建倉時買入股票，並在大戶出貨前賣出股票，就可以安全獲利。若散戶在過程中不買入或賣出，也不參與大戶的互動行為，這時大戶的任何做法和心思都是徒勞的。

如圖6.8所示為中聯重科日線圖。大戶在拉升過程中，幾次大幅打壓震倉，以此來嚇唬散戶。但如果跟莊者抱著做長線的想法，根本不理睬大戶的這些行為，大戶無論如何洗盤都不會有效果。

如圖6.9所示為寧波聯合日線圖。大戶在拉升過程中採用緩慢的

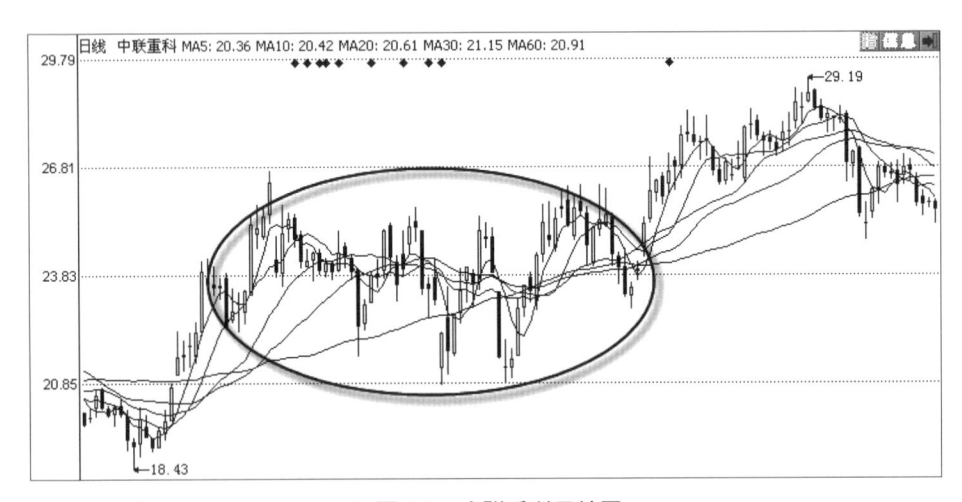

▲ 圖6.8　中聯重科日線圖

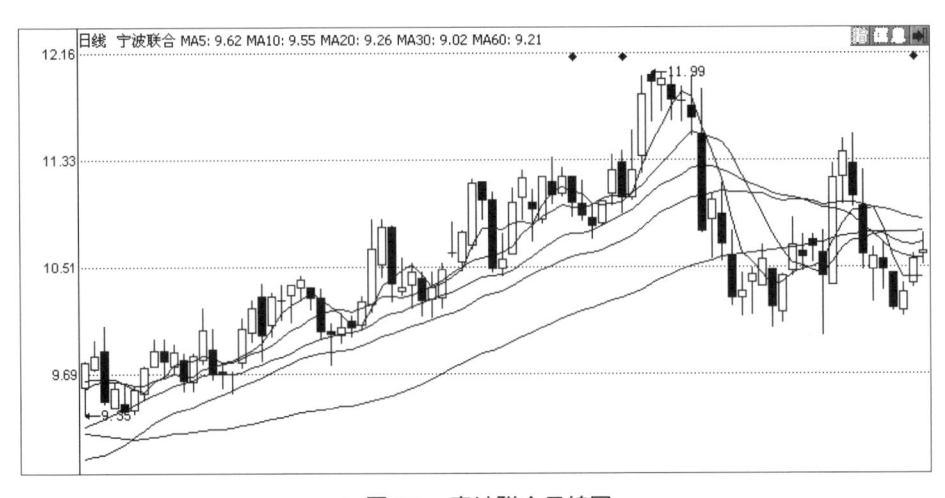

▲ 圖6.9　寧波聯合日線圖

拉升方式，並且小幅波動，目的是繼續建倉同時清除掉一些跟莊者。但如果跟莊者能抱著長線交易的想法，只要認清大戶沒有出貨而繼續持股，就可以達到最大化的收益。

6.2.2　實戰案例➡長線佈局的買點判斷

【跟莊技巧】

　　跟莊者只要發現有大戶介入的個股，就可以積極介入該個股。或等待大戶建倉一段時間後，在接近建倉的末期安全買入股票，且做好長期持有的準備。

【個股分析】

　　如圖6.10所示為貴州茅台日線圖。當股價從市場底部突破前期高點後，便是一個良好的長線買入點。此時買入股票的散戶長期持股，若在價格位於222.00元附近的高點賣出，不僅中間可以避免受到大戶行為的影響，還可以獲得巨大價差。

　　如圖6.11所示為合興包裝日線圖。股價長期在市場底部徘徊，當股價小幅上漲走出盤整區域時，就標誌著大戶建倉結束，同時也是散戶長線交易的絕佳買入點。

　　如圖6.12所示為大連熱電日線圖。大戶單針觸底進行試盤後，認為承接能力較強而開始拉升。當股價突破前期盤整區域的最高點，散戶就迎來一個長線交易的買入點。

　　如圖6.13所示為萊茵生物日線圖。圖中箭頭指向的位置是一個T型漲停板，該位置突破前期的盤整區域，因此是行情啟動的標誌，也是散戶長線交易的買入點。

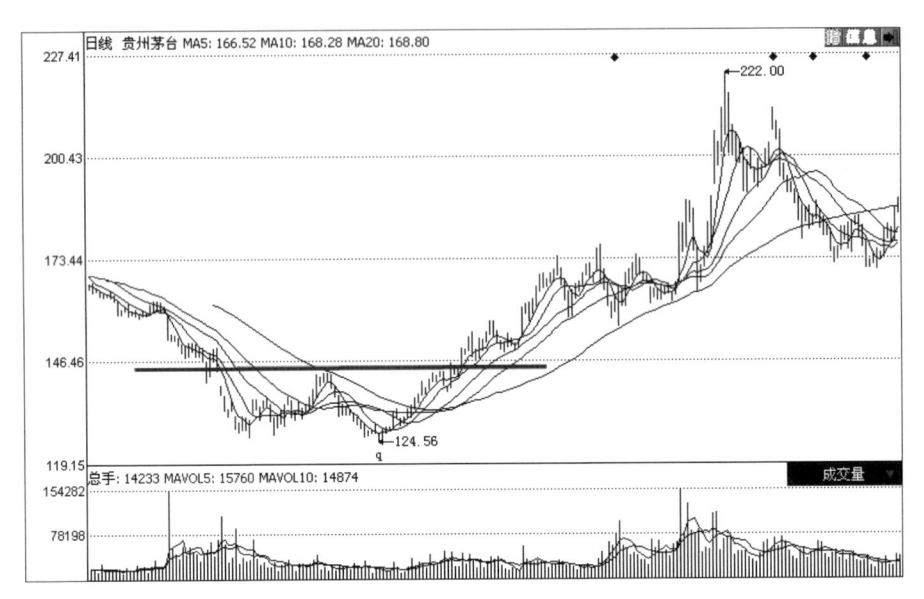

▲ 圖6.10　貴州茅台日線圖

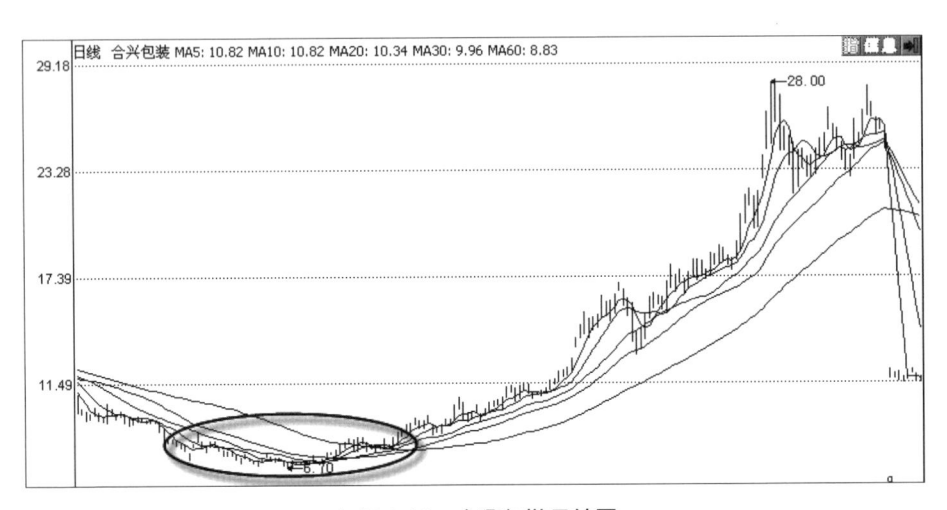

▲ 圖6.11　合興包裝日線圖

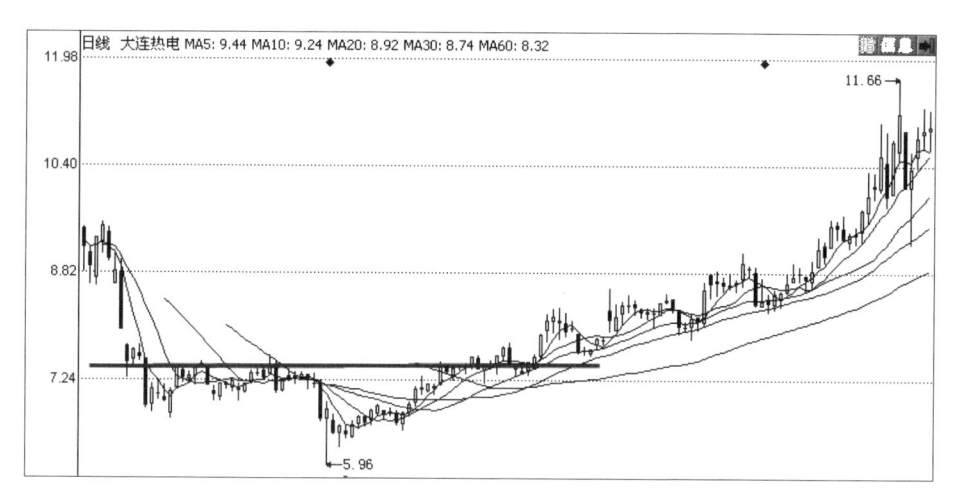

第 6 章　實戰拆解！散戶穩賺不賠的 5 大技法

▲ 圖 6.12　大連熱電日線圖

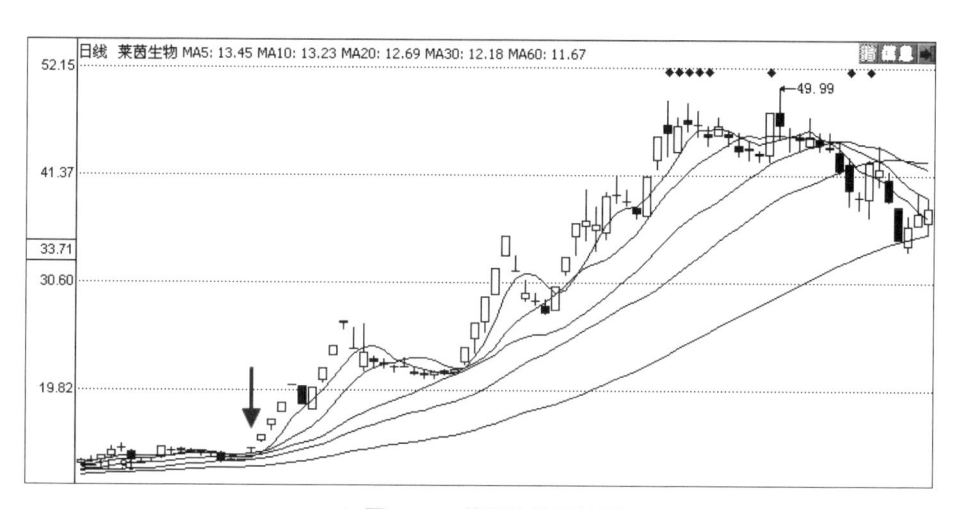

▲ 圖 6.13　萊茵生物日線圖

195

6.2.3　實戰案例➡長線出場的關鍵時機

【跟莊技巧】

儘管跟莊者做的是長線交易，不必理會中間過程的一些波段交易，並不意味著投資者可以任股價自由上漲與下跌，至少應該在大戶出貨前賣出手中的股票。其實跟莊者還可以在股價達到一定的利潤後，及時賣出手中的股票。

【個股分析】

如圖 6.14 所示為寧波聯合日線圖。從圖中可以看到，當股價從頂部快速下滑後，出現一根大陰線，並一舉擊穿多根均線，這時長線交易散戶的賣出點就來了。

如圖 6.15 所示為寧波聯合日線圖。當股價在上漲過程中進入一個漫長的盤整過程，此前的拉高已經有不小的利潤空間。此時長線交易者就應該賣出股票，獲利了結，大戶也常常在這時分批出貨。

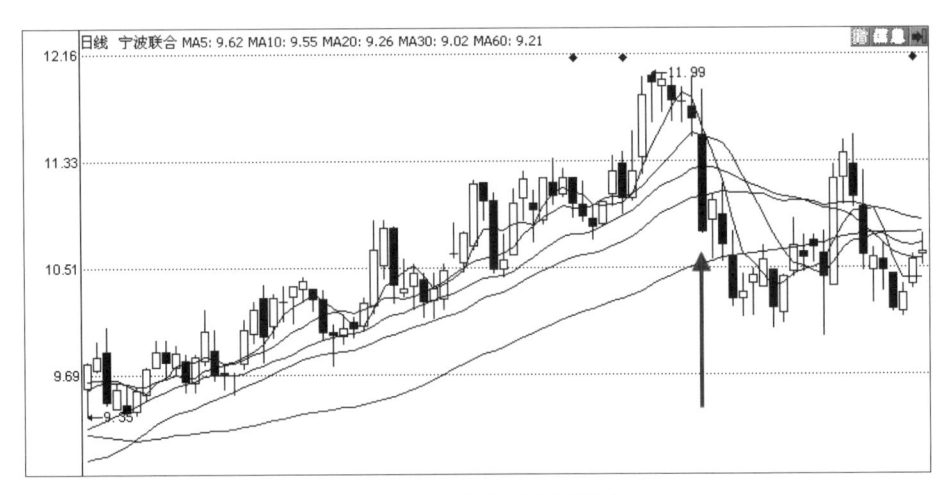

▲ 圖 6.14　寧波聯合日線圖

第 6 章　實戰拆解！散戶穩賺不賠的 5 大技法

　　如圖 6.16 所示為東北電氣日線圖。當股價跳空開高並出現一根大陽線後，第二日沒有繼續走高，之後出現一根大陰線，形成一個看跌吞沒的 K 線型態。這就是長線跟莊者的賣出點，此時若賣出，基本上是在最高價賣出的。

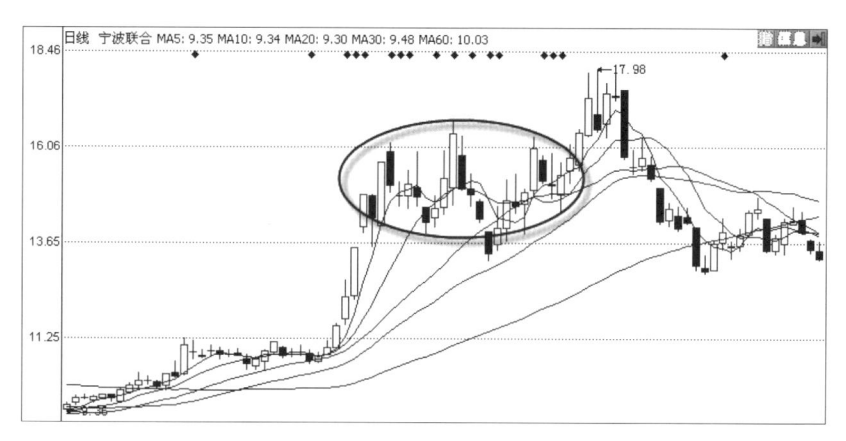

▲ 圖 6.15　寧波聯合日線圖

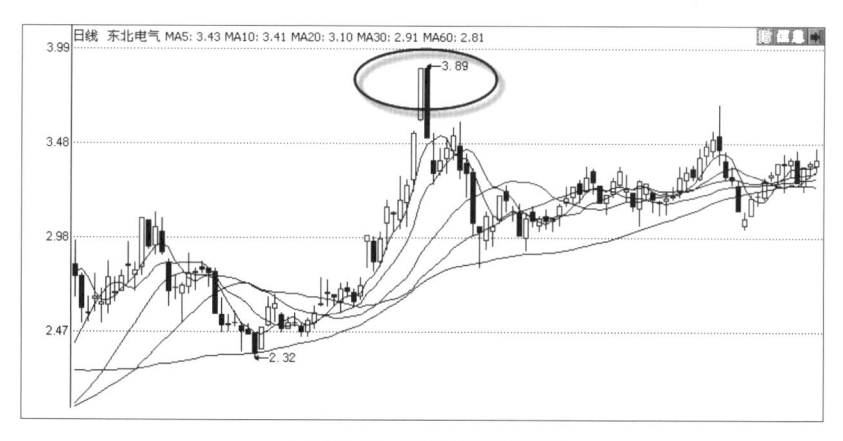

▲ 圖 6.16　東北電氣日線圖

如圖 6.17 所示為深桑達 A 週線圖，當股價向下突破頭肩頂型態的頸線後，長線跟莊者就應該賣出手中的股票。

如圖 6.18 所示為凱迪電力日線圖。當股價向下突破三重頂的頸線後，就應該賣出。儘管此時股價不再是最高點，但是作為長線跟莊者，不能在乎如此小的利潤差額，要及時賣出以保住更多利潤。

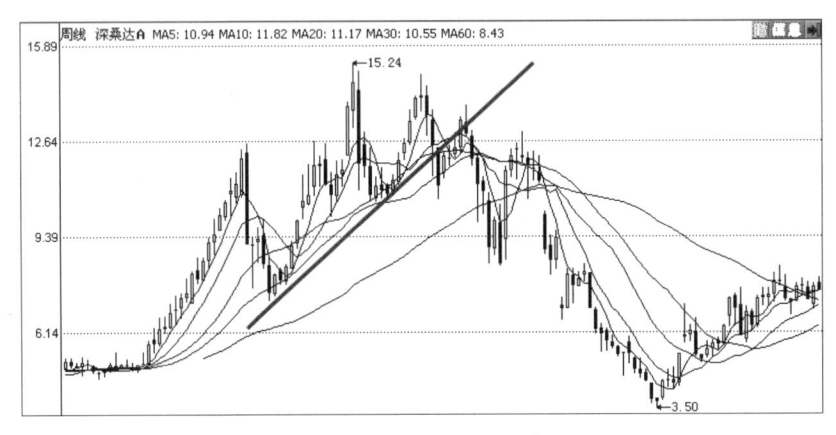

▲ 圖 6.17　深桑達 A 週線圖

▲ 圖 6.18　凱迪電力日線圖

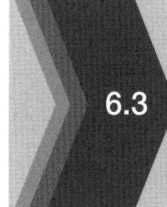

6.3 技法3：用KDJ指標掌握最佳抄底時機

在跟莊過程中，每個散戶都希望能及時發現有大戶進入的個股，且能在市場的底部買入股票，以獲得最大的收益，而KDJ指標就是一個不錯的抄底工具。

6.3.1 KDJ指標的原理

KDJ是隨機指標的英文簡稱，是震盪類指標的一種，最早由喬治‧蘭恩提出，是適合抄底的工具之一。

KDJ的原理很簡單，它是經由價格的波動幅度來推測超買和超賣的，在價格上升或者下降前發出訊號，因此可以說是一種超前的訊號，與均線的滯後性可以互補。

KDJ的計算過程相對繁瑣，我們以默認參數9、3、3為例，來計算日線圖中的KDJ指標。

(1) 計算9日RSV數值：RSV =（當天收盤價－9天內的最低價）／（9天內最高價－9天內最低價）×100。

(2)計算K的數值：K＝2／3×上一交易日的K數值＋1／3×RSV；初始時的K數值可以取50。

(3)計算D的數值：D＝2／3×上一交易日的D值＋1／3×中K數值；初始的D值可以取50。

(4)計算J的數值：J＝3×D－2×K。

KDJ指標有三條曲線，散戶可以根據這三條曲線來實現抄底。如圖6.19所示的為上證指數的走勢圖，圖中下方的三條曲線就是KDJ指標。

▲ 圖6.19　上證指數走勢圖

6.3.2　實戰案例➡運用KDJ精準抄底

【跟莊技巧】

如果KDJ的走勢向上，而同一時期的股價卻下跌，KDJ與股價的走勢完全不一致，形成背離現象，這就是一個良好的抄底時機。

【個股分析】

如圖6.20所示為KDJ背離示意圖。圖中上半部是股價的走勢，下半部是KDJ指標的走勢，兩者走勢完全相反。

如圖6.21所示為新海股份日線圖。圖中可以看到，大戶在建倉時是比較隱蔽的，但KDJ給散戶們發出一個背離訊號，散戶完全可以據此來抄底。

不僅KDJ的背離現像是一個抄底的訊號，KDJ的黃金交叉訊號也是抄底的常見訊號。所謂黃金交叉就是指KDJ的三條曲線，從下向上開始交叉。

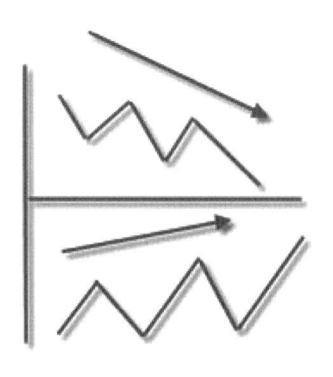

▲圖6.20　KDJ背離示意圖

一眼看穿大戶的戰術

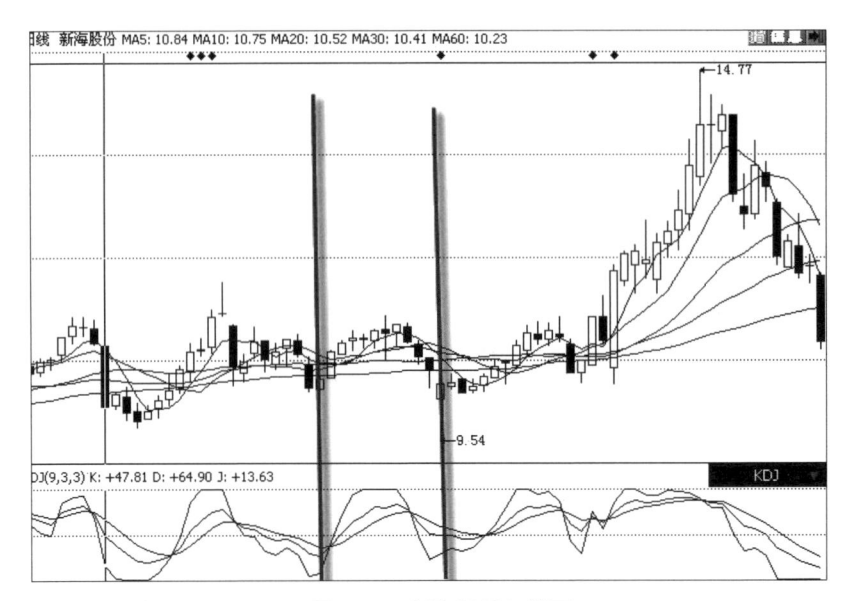

▲ 圖 6.21　新海股份日線圖

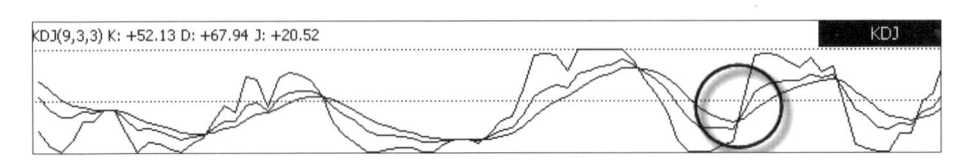

▲ 圖 6.22　KDJ 黃金交叉示意圖

　　如圖 6.22 所示為 KDJ 黃金交叉的示意圖，如圖 6.23 所示為萬科 A 週線圖。股價在上漲過程中，KDJ 指標幾次出現黃金交叉，因此跟莊者有很多次機會進場。

　　如圖 6.24 所示為匯通能源週線圖。儘管大戶在快速下跌後突然建倉拉升，但在 KDJ 指標上卻出現黃金交叉的訊號，這就為跟莊者提供了進場訊號。

第 6 章　實戰拆解！散戶穩賺不賠的 5 大技法

▲ 圖 6.23　萬科 A 週線圖

▲ 圖 6.24　匯通能源週線圖

203

6.4 技法 4：利用 MACD 底部進場、成功逃頂

MACD是散戶非常愛用技術指標，不僅可以告訴散戶如何抄底，還能在大戶出貨前發出逃頂訊號，以下介紹常見的使用方法。

6.4.1　MACD指標的運作邏輯

MACD是平滑異同平均線的英文簡稱，是除了均線以外的另一種常用的趨勢類技術指標。它可以追蹤股價運行的趨勢，並研判買賣時機。MACD不僅保留移動平均線的效果，而且經由特定的運算，去除了普通移動平均線頻繁發出虛假訊號的弊端。

MACD指標由兩條曲線和柱狀圖共同組建而成，如圖6.25所示為MACD的示意圖，可看到兩條曲線和柱狀圖。

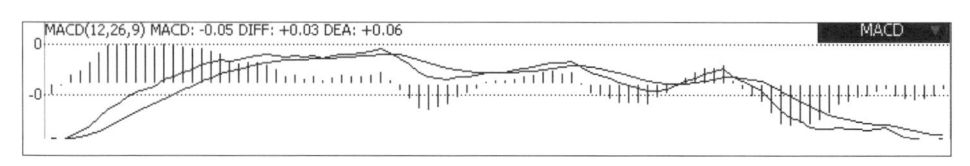

▲ 圖 6.25　MACD 示意圖

6.4.2 實戰案例➡MACD指標的抄底訊號

【跟莊技巧】

MACD的黃金交叉訊號是常見的抄底訊號,所謂黃金交叉就是MACD的兩條曲線從下向上形成交叉,如圖6.26所示為MACD黃金交叉的示意圖。

大戶在建倉結束前,MACD一般都會給出黃金交叉訊號。因此跟莊者利用此訊號進場,可以在建倉接近尾聲的時候買入股票,未來就會大幅度上漲。

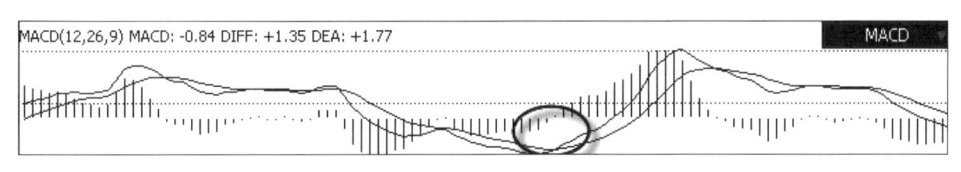

▲ 圖6.26 MACD黃金交叉示意圖

【個股分析】

如圖6.27所示為錫業股份週線圖。大戶在股價下跌的末期悄悄建倉,而且特意製造一個向下突破盤整區域的假象。但是MACD指標上形成黃金交叉訊號,這就為散戶跟莊者提供進場的訊號。

如圖6.28所示為渤海活塞週線圖。大戶在股價下跌的末期開始建倉,這是一般散戶所無法識別的,但是MACD指標形成了黃金交叉,為跟莊者提供明確的進場時機。

除了黃金交叉以外,MACD的底背離也是一個明確的抄底訊號。所謂底背離就是股價創出新低,MACD指標卻走高。如圖6.29所示,圖中上半部股價的走勢,與下方MACD指標的走勢完全相反。

▲ 圖 6.27　錫業股份週線圖

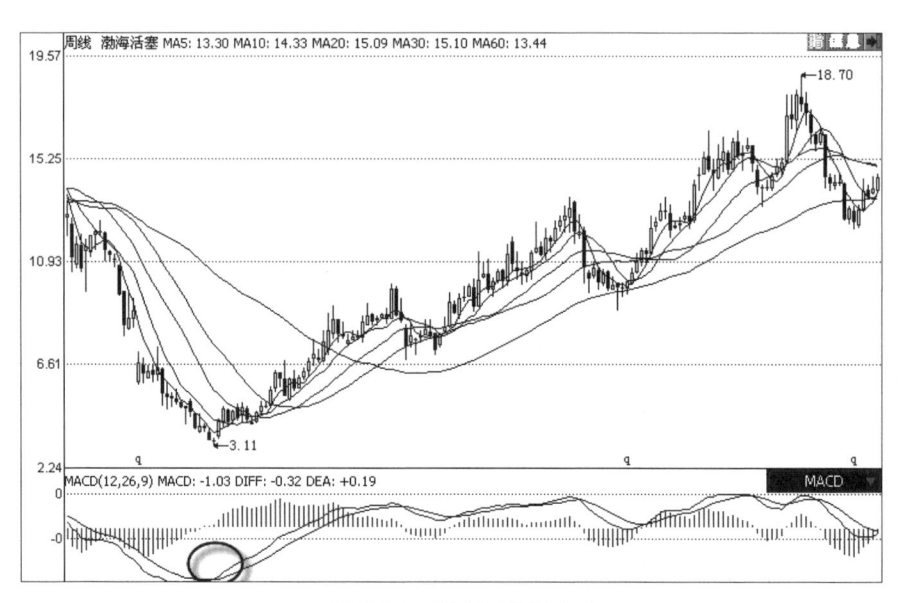

▲ 圖 6.28　渤海活塞週線圖

▲ 圖 6.29　MACD 底背離示意圖

　　如圖 6.30 所示為安信信託日線圖。股價不斷創出新低的時候，MACD 指標卻走高，這就說明大戶在建倉。此時跟莊者可以和大戶一樣，以非常低廉的價格購買股票。

　　如圖 6.31 所示為豐華股份日線圖。大戶在快速拉升之前，MACD 早給出底背離的訊號，因此跟莊者買入股票後，就可以趕上大戶的大幅拉升。

　　除了兩條曲線以外，MACD 還有柱狀線，它也是發出抄底訊號的重要工具。如圖 6.32 所示為中國重汽日線圖，股價在底部經過短暫的盤整後，進入快速拉升的階段，而柱狀線也給出穿越零軸的訊號。

　　如圖 6.33 所示為西山煤電日線圖。大戶在市場底部建倉完畢後波浪式拉升股價，但是 MACD 的柱狀線從零軸下逐漸變小，並運行到零軸上方。跟莊者不僅可以據此抄底買入股票，還可以長期持有，避免被大戶洗盤出局。

▲ 圖 6.30 安信信託日線圖

▲ 圖 6.31 豐華股份日線圖

第 6 章　實戰拆解！散戶穩賺不賠的 5 大技法

▲ 圖 6.32　中國重汽日線

▲ 圖 6.33　西山煤電日線圖

209

6.4.3 實戰案例➡MACD指標的逃頂訊號

【跟莊技巧】

MACD在大戶出貨前，可以提前發出賣出的訊號，使跟莊者在大戶出貨前獲利了結，其中常見的訊號之一便是MACD死亡交叉。所謂死亡交叉就是指MACD的兩條曲線，從上向下形成交叉。如圖6.34所示，為MACD的死亡交叉示意圖。

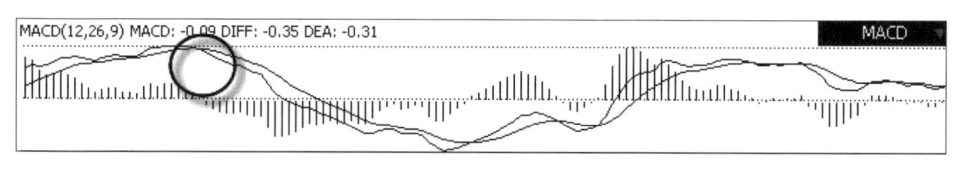

▲ 圖 6.34 MACD 死亡交叉示意圖

【個股分析】

如圖6.35所示為東方集團週線圖。當股價拉高到41.72元之前，大戶已經開始出貨。而MACD指標形成的死亡交叉，也告訴跟莊者應該離場了。

如圖6.36所示為東方集團日線圖。在股價上漲的末期大戶分批出貨，股價長期在此高點徘徊不前。MACD死亡交叉的訊號就告訴跟莊者，不要繼續等待最高點，應該考慮出場了。

MACD的頂背離是一個常見的逃頂訊號，所謂頂背離就是指股價依然在創出新高，但是MACD指標已經開始走低。如圖6.37所示，為MACD指標的頂背離示意圖。

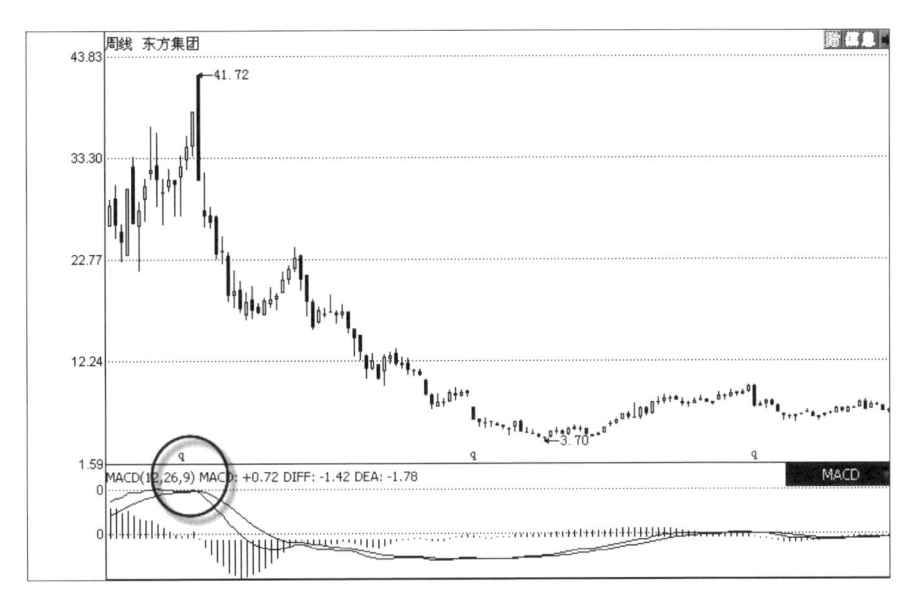

▲ 圖 6.35　東方集團週線圖

▲ 圖 6.36　東方集團日線

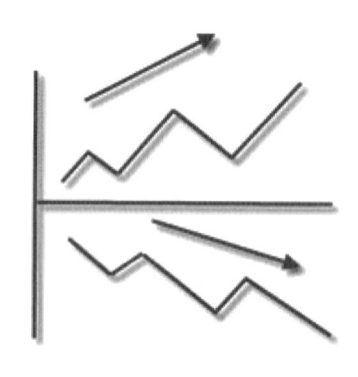

▲ 圖 6.37　MACD 頂背離

　　如圖6.38所示為天地源日線圖。股價在被大戶拉升的末期，儘管創出新高，但MACD開始走下坡路。這說明大戶已經開始悄悄地分批出貨，散戶跟莊者也應該在此時賣出股票，不要做跟莊的犧牲者。

▲ 圖 6.38　天地源日線圖

如圖6.39所示為寧波聯合日線圖。MACD指標發出的頂背離，可以讓跟莊者在大戶出貨前及時逃離頂部。

▲ 圖6.39　寧波聯合日線圖

6.5 技法 5：利用均線，找到明確的進出場策略

均線是股市中被廣泛運用的工具，因為它具有獨特的魅力。跟莊者運用均線可以及時抄底和逃頂。僅僅這一個工具，跟莊者就可以完全達到跟莊的效果。

6.5.1　實戰案例➡均線的抄底大法

【跟莊技巧】

利用均線，跟莊者完全可以達到抄底的目的。在市場底部，如果均線從黏合狀態進入發散狀態，就是一個比較明確的抄底訊號。如圖 6.40 所示，為均線從黏合狀態進入發散狀態的示意圖。

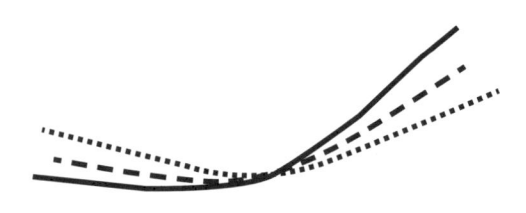

▲ 圖 6.40　均線從黏合進入發散示意圖

【個股分析】

如圖 6.41 所示為廣濟藥業日線圖。當大戶利用股價橫盤之勢開始建倉時，均線也處於黏合的狀態。當建倉結束後，均線從黏合狀態進入發散狀態，此時跟莊者可以立即入場，不但可以獲得較大的收益，而且不用等待漫長的建倉過程。

▲ 圖 6.41　廣濟藥業日線圖

如圖 6.42 所示為招商銀行日線圖。大戶在結束建倉後，有一個震盪的洗盤過程，此時均線處於黏合狀態。當大戶在拉升途中又一次橫盤震盪洗盤時，均線又一次出現黏合的狀態。當洗盤結束後，均線開始繼續向上發散，因此沒有進場的交易者可以此時進場跟莊。

均線的黃金交叉訊號也是進場跟莊的一個買入點，所謂黃金交叉，就是短期均線從下向上穿越長期均線。

如圖 6.43 所示為均線黃金交叉示意圖。

一眼看穿大戶的戰術

▲ 圖 6.42　招商銀行日線圖

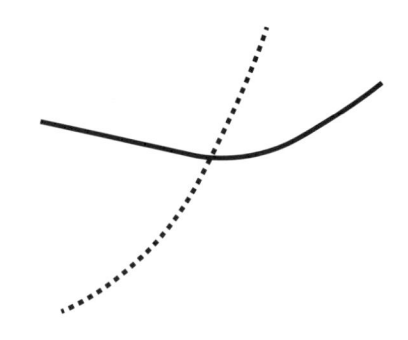

▲ 圖 6.43　均線黃金交叉示意圖

　　如圖 6.44 所示為滄州大化日線圖。當均線形成黃金交叉後，大戶完成底部的建倉並開始向上拉升，跟莊者此時買入股票可以說是完成了一次抄底。

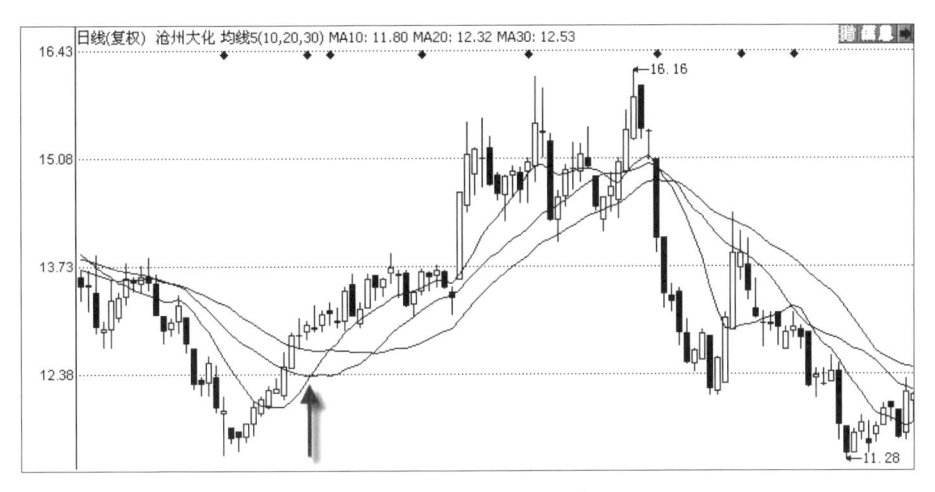

▲ 圖 6.44　滄州大化日線圖

6.5.2　實戰案例➡均線的逃頂大法

【跟莊技巧】

　　大戶出貨前，均線也會發出各種逃頂的訊號供跟莊者及時出場，均線的死亡交叉是逃頂的常用方法之一。所謂死亡交叉就是短期均線從上向下穿越長期均線，如圖 6.45 為均線死亡交叉的示意圖。

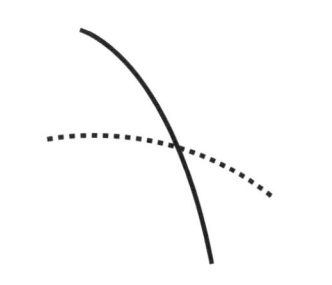

▲ 圖 6.45　均線死亡交叉示意圖

一眼看穿大戶的戰術

【個股分析】

如圖6.46所示為東方市場日線圖。股價到達頂部後大戶開始出貨，隨著大單的砸盤，K線圖中出現大陰線，均線也形成死亡交叉。跟莊者此時就應該賣出股票，逃離市場的頂部。當均線從黏合狀態進入向下發散的狀態時，就是散戶賣出的時機。

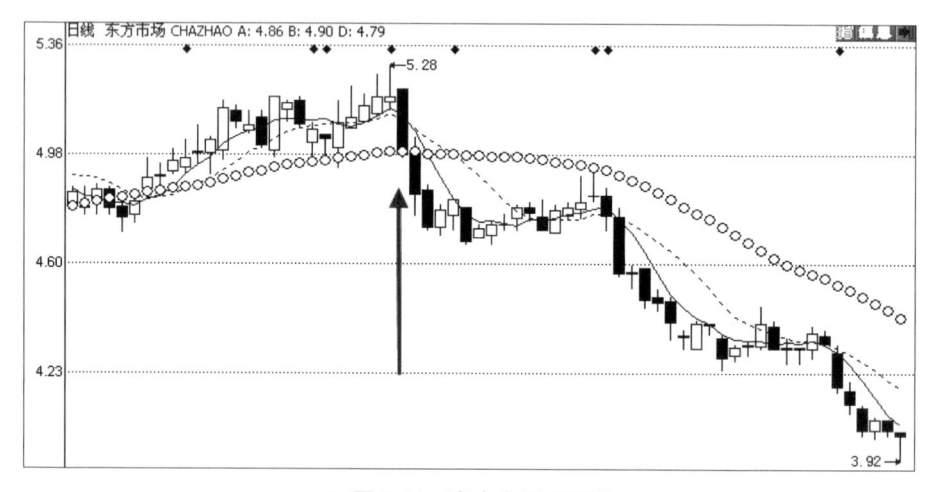

▲ 圖6.46　東方市場日線圖

如圖6.47所示為華北高速日線圖。大戶在出貨時構建了一個橫盤的平台，那些沒有看出大戶出貨的跟莊者，應該在均線從黏合向下發散時果斷離場。

如圖6.48所示為大亞科技日線圖。沒能及時在大戶出貨初期出場的投資者，在均線向下交叉並發散後，應該果斷離場。

218

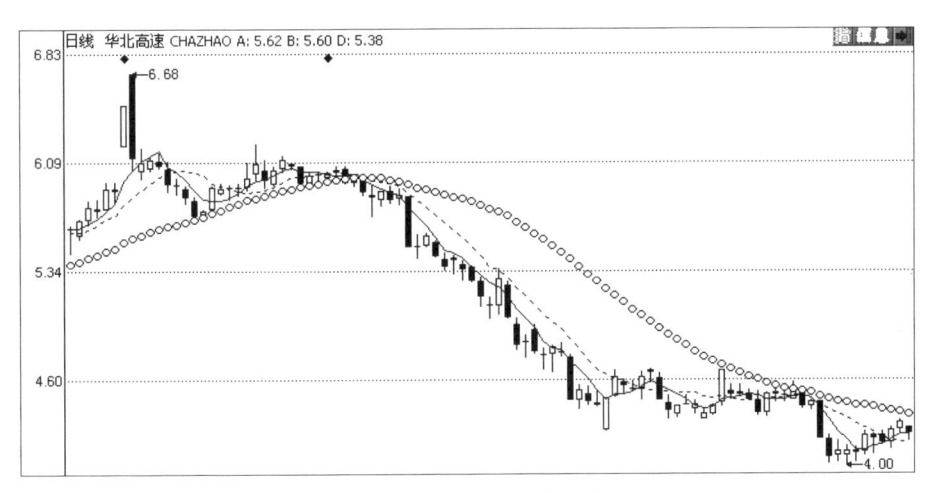

▲ 圖 6.47　華北高速日線

▲ 圖 6.48　大亞科技日線圖

國家圖書館出版品預行編目（CIP）資料

一眼看穿大戶的戰術：圖解22種騙線、甩轎、吃貨、下車手法！
／笑看股市著.-
新北市：大樂文化有限公司，2025.7（優渥叢書Money；090）
224面；17×23公分
ISBN 978-626-7745-00-7（平裝）

1. 股票投資　2. 投資技術　3. 投資分析
563.53　　　　　　　　　　　　　　　　　　114006465

Money 090

一眼看穿大戶的戰術

圖解 22 種騙線、甩轎、吃貨、下車手法！

作　　者／笑看股市
封面設計／蕭壽佳
內頁排版／王信中
責任編輯／林育如
主　　編／皮海屏
發行專員／張紜蓁
財務經理／陳碧蘭
發行經理／高世權
總編輯、總經理／蔡連壽
出　版　者／大樂文化有限公司
　　　　　　地址：220新北市板橋區文化路一段268號18樓之一
　　　　　　電話：（02）2258-3656
　　　　　　傳真：（02）2258-3660
詢問購書相關資訊請洽：2258-3656
郵政劃撥帳號／50211045　戶名／大樂文化有限公司

香港發行／豐達出版發行有限公司
地址：香港柴灣永泰道70號柴灣工業城2期1805室
電話：852-2172 6513　傳真：852-2172 4355

法律顧問／第一國際法律事務所余淑杏律師
印　　刷／韋懋實業有限公司

出版日期／2025年7月21日
定　　價／300元（缺頁或損毀的書，請寄回更換）
ＩＳＢＮ／978-626-7745-00-7

版權所有，侵權必究　All rights reserved.
本著作物，清華大學出版社獨家授權出版、發行中文繁體字版。
原著簡體字版書名為《跟莊：典型股票分析全程圖解》。
非經書面同意，不得以任何形式，任意複製轉載。
繁體中文權利由大樂文化有限公司取得，翻印必究。

優渥叢書

優渥叢書